頂尖學習

—37 種高效自學方法—

朴學萬卷 編著

萬里機構

內容提要

你還在困於希望進步，但找不到好的學習方式，或是無法進入高效學習狀態，又或是學習後實踐效果不佳等苦惱嗎？本書是一本致力於提升學習者綜合能力與效率的實用手冊，旨在幫助讀者在紛繁複雜的學習環境中找尋最適合自己的高效學習路徑。

本書共分為八章，囊括了 37 種學習方法。第一章，幫助讀者塑造高效學習節奏，以提升學習狀態。第二章，提供結構化筆記或深度閱讀策略以提高閱讀理解力與筆記效率。第三章，教導合理設定目標及多任務管理方法，以應對複雜任務。第四章，介紹了多種可以強化記憶的方法，供讀者選擇應用。第五章，針對進一步深化理解知識，提供了一系列實用策略。第六章，提供了梳理複雜信息的工具手段。第七章，介紹了能幫助讀者進行專項技能深度精進的方法。第八章，提供了一系列綜合應用策略，全面促進學習能力與綜合素質提升。

本書是一部匯集高效學習策略的寶典，提供了豐富的學習方法。無論你是遇到學習瓶頸的學生，還是渴望提升職業技能的職場人士，抑或是追求個人成長的自學者，都能從本書中找到針對性的學習方法，消除學習困擾。

前言

親愛的讀者：

歡迎開啟這一段探索自我學習潛能的旅程。在快速變化的今天，學習似乎已經成為人們的終身課題。但在這個信息爆炸的時代，如何在海量的知識中找到適合自己的學習方法，提升學習力，是人們常常面臨的挑戰。

這正是我們編寫本書的初衷。我們希望通過本書，提供一個全面、實用的學習方法指南，幫助每一位讀者發掘和選擇最適合自己的學習策略，無論是為了應對考試，還是為了掌握一項新技能，抑或是為了個人興趣的拓展。

本書收錄了針對多種場景和需求的學習方法。我們相信，在這些方法中，你會找到適時可用的。通過合適的方法，你將能夠更加深入地了解自己的學習狀態，找到提升學習力的關鍵，讓學習成為一種樂趣，而非負擔。

我們並不會給出統一的學習法則，因為每個人的學習風格和需要是不同的。我們的目標，是讓你在本書中找到那些能觸動內心、激發學習熱情，並最終讓你的學習力得到實質性提升的方法。

讓我們一起探索，找到屬你的學習之道。

祝你在學習的旅途上發現更多可能，願你的每一步都更加堅定和自信。

如何閱讀本書

為了讓你能更有效地獲取信息，以下是我們的閱讀建議。

方法標籤

用於快速了解學習方法的原理、應用場景和實操技巧。建立對學習方法的初步認知。

案例運用

代入實際學習場景，深入解讀方法運用過程。

番茄學習法

設定固定輪換的學習和休息時間，提高專注力和學習效率。

原理 基於時間管理和心理學原理，通過限定的時間段（通常為 25 分鐘學習，5 分鐘休息），來保持精神的飽滿和專注力的持久。

應用場景 適用於需要提高學習或工作效率、管理時間、克服拖延症，或提升自我管理能力的各種場合。

實操技巧 設置計時器為 25 分鐘，專心學習，之後休息 5 分鐘。重複此週期，每完成四個週期後，可以安排更長的休息時間。

如果學習變得像一場激動人心的遊戲，那麼學習會不會變得更有趣？

番茄學習法，由意大利人弗朗西斯科· 西里洛於 1992 年創立。這個方法的提出源自他對如何提高學習和工作效率的探索。西里洛意識到，**短暫地集中精力後休息一會兒，再學習或工作時能顯著提高專注力和效率。**他還發現，有效地管理時間，將長時段的學習任務分解成小塊，會更容易消化和理解。

專注與休息交替

番茄學習法的核心在於將工作時間和休息時間劃分為固定的短時段，從而實現高效的時間管理和減輕心理壓力。具體來說，這個方法是建議學習者將工作時間分為 25 分鐘的專注時間（稱為一個「番茄鐘」）與緊跟其後的 5 分鐘短暫休息。通過這種方法，個人可以在保持持續專注的同時，給大腦提供必要的休息和恢復時間，從而在長時間的工作或學習中保持效率和動力。

這背後的原因與人類的注意力週期密切相關。相關研究表示，人的專注力在短時間內能夠保持得相對較好，25 分鐘恰好處於這個時間範圍。

12 | 頂尖學習—— 37 種高效自學方法

番茄學習法如何把學習變成一場激動人心的探險？

每個 25 分鐘的學習單元完成後，5 分鐘的休息時間讓你有機會短暫地遠離學習壓力，就如同探險者在攀登高峰後的短暫休息，既是對過去努力的小獎勵，也是為下一次衝刺做準備。這樣的循環不僅提高學習效率，也讓整個學習過程充滿樂趣和期待，激發了學習者不斷探索和成長的動力。而達到這樣的目標需要科學地運用番茄學習法。

實例

華仔是一名高中生，正在為即將到來的化學考試作準備。讓我們看看他是如何通過番茄學習法把學習變成一系列的小冒險。

專注探索

第一個番茄鐘

華仔設定 25 分鐘的學習時間專注複習有機化學的反應機制。在這段時間裏，他完全沉浸在化學的世界中，每個反應、每個分子都像是一個等待解決的謎團。

攀登高峰後的短暫休息

休息時間

25 分鐘後，華仔開始了他的第一個 5 分鐘休息。他離開書桌，去窗邊看看外面的景色，進行深呼吸，讓思緒飛向遠方。這短暫的休息讓他的大腦得以放鬆，同時也激發了對接下來學習內容的期待。

再次出發

第二個番茄鐘

經過休息，華仔返回書桌，開始下一個 25 分鐘的學習旅程。這一次，他專注於練習化學方程式的平衡和相關的解題技巧。每解決一個問題，都像是在探險中發現了新大陸。

通過一天的番茄學習法，華仔不僅有效地複習了化學知識，而且在每個學習和休息循環中都感到充滿活力和樂趣。他發現學習不再是負擔，而是一場充滿挑戰和樂趣的探險之旅。

第一章　找到更好的學習狀態 | 13

方法介紹

介紹學習方法的核心原理及使用方法。

章名

在頁眉處，便於查找。

案例總結

總結實操關鍵點，補充運用中的注意事項。

實踐指南

為後續運用學習方法提供重要建議及關鍵提示。

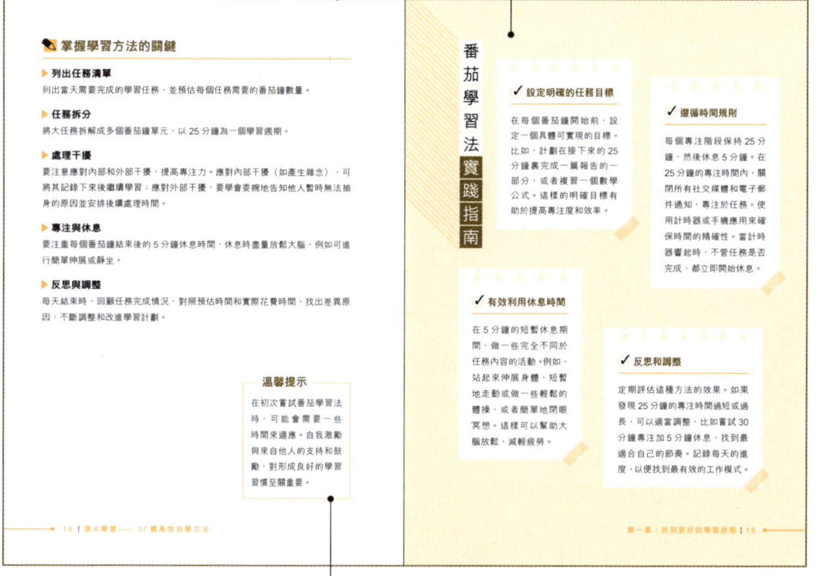

掌握學習方法的關鍵

列出任務清單

列出當天需要完成的學習任務，並預估每個任務需要的番茄鐘數量。

任務拆分

將大任務拆解成多個番茄鐘單元，以 25 分鐘為一個學習週期。

處理干擾

要注意應對內部和外部干擾，提高專注力。應對內部干擾（如產生雜念），可將其記錄下來後繼續學習；應對外部干擾，要學會委婉地告知他人暫時無法抽身的原因並安排後續處理時間。

專注與休息

要注重每個番茄鐘結束後的 5 分鐘休息時間，休息時盡量放鬆大腦，例如可進行簡單伸展或靜坐。

反思與調整

每天結束時，回顧任務完成情況，對照預估時間和實際花費時間，找出差異原因，不斷調整和改進學習計劃。

溫馨提示

在初次嘗試番茄學習法時，可能會需要一些時間來適應。自我激勵與來自他人的支持和鼓勵，對形成良好的學習習慣至關重要。

14 | 頂尖學習——37 種高效自學方法

番茄學習法實踐指南

✓ 設定明確的任務目標

在每個番茄鐘開始前，設定一個具體可實現的目標。比如，計劃在接下來的 25 分鐘裏完成一篇報告的一部分，或者複習一個數學公式。這樣的明確目標有助於提高專注度和效率。

✓ 遵循時間規則

每個專注階段保持 25 分鐘，然後休息 5 分鐘。在 25 分鐘的專注時間內，關閉所有社交媒體和電子郵件通知，專注於任務。使用計時器或手機應用來確保時間的精確性。當計時器響起時，不管任務是否完成，都立即開始休息。

✓ 有效利用休息時間

在 5 分鐘的短暫休息期間，做一些完全不同於任務內容的活動。例如，站起來伸展身體，短暫地走動或做一些輕鬆的體操，或者簡單地閉眼冥想。這樣可以幫助大腦放鬆，減輕疲勞。

✓ 反思和調整

定期評估這種方法的效果。如果發現 25 分鐘的專注時間過短或過長，可以適當調整，比如嘗試 30 分鐘專注加 5 分鐘休息，找到最適合自己的節奏。記錄每天的進度，以便找到最有效的工作模式。

第一章：找到更好的學習狀態 | 15

溫馨提示

提示學習過程中容易忽略的環節和信息。

目錄

第三章

不再為多線或繁重任務而煩惱

第四章

強化記憶力

第一章

找到更好的學習狀態

學習的核心問題之一——如何能找到良好的學習狀態？分心、拖延、效率低下，這些問題困擾着無數學習者。本章將指引你發現並保持最佳學習狀態，助你輕鬆攻克學習難題，實現自我突破。

番茄學習法

設定固定輪換的學習和休息時間，提高專注力和學習效率。

原理　基於時間管理和心理學原理，通過限定的時間段（通常為 25 分鐘學習，5 分鐘休息），來保持精神的飽滿和專注力的持久。

應用場景　適用於需要提高學習或工作效率、管理時間、克服拖延症，或提升自我管理能力的各種場合。

實操技巧　設置計時器為 25 分鐘，專心學習，之後休息 5 分鐘。重複此週期，每完成四個週期後，可以安排更長的休息時間。

如果學習變得像一場激動人心的遊戲，那麼學習會不會變得更有趣？

番茄學習法，由意大利人弗朗西斯科· 西里洛於 1992 年創立。這個方法的提出源自他對如何提高學習和工作效率的探索。西里洛意識到，**短暫地集中精力後休息一會兒，再學習或工作時能顯著提高專注力和效率。**他還發現，有效地管理時間，將長時段的學習任務分解成小塊，會更容易消化和理解。

專注與休息交替

番茄學習法的核心在於將工作時間和休息時間劃分為固定的短時段，從而實現高效的時間管理和減輕心理壓力。具體來説，這個方法是建議學習者將工作時間分為 25 分鐘的專注時間（稱為一個「番茄鐘」）與緊跟其後的 5 分鐘短暫休息。通過這種方法，個人可以在保持持續專注的同時，給大腦提供必要的休息和恢復時間，從而在長時間的工作或學習中保持效率和動力。

這背後的原因與人類的注意力週期密切相關。相關研究表示，人的專注力在短時間內能夠保持得相對較好，25 分鐘恰好處於這個時間範圍。

 番茄學習法如何把學習變成一場激動人心的探險？

每個 25 分鐘的學習單元完成後，5 分鐘的休息時間讓你有機會短暫地遠離學習壓力，就如同探險者在攀登高峰後的短暫休息，既是對過去努力的小獎勵，也是為下一次衝刺做準備。這樣的循環不僅提高學習效率，也讓整個學習過程充滿樂趣和期待，激發了學習者不斷探索和成長的動力。而達到這樣的目標需要科學地運用番茄學習法。

實例

華仔是一名高中生，正在為即將到來的化學考試作準備。讓我們看看他是如何通過番茄學習法把學習變成一系列的小冒險。

專注探索

 **第一個番茄鐘**

華仔設定 25 分鐘的學習時間專注複習有機化學的反應機制。在這段時間裏，他完全沉浸在化學的世界中，每個反應、每個分子都像是一個等待解決的謎團。

攀登高峰後的短暫休息

 **休息時間**

25 分鐘後，華仔開始了他的第一個 5 分鐘休息。他離開書桌，去窗邊看看外面的景色，進行深呼吸，讓思緒飛向遠方。這短暫的休息讓他的大腦得以放鬆，同時也激發了對接下來學習內容的期待。

再次出發

第二個番茄鐘

經過休息，華仔返回書桌，開始下一個 25 分鐘的學習旅程。這一次，他專注於練習化學方程式的平衡和相關的解題技巧。每解決一個問題，都像是在探險中發現了新大陸。

通過一天的番茄學習法，華仔不僅有效地複習了化學知識，而且在每個學習和休息循環中都感到充滿活力和樂趣。他發現學習不再是負擔，而是一場充滿挑戰和樂趣的探險之旅。

 掌握學習方法的關鍵

列出任務清單

列出當天需要完成的學習任務，並預估每個任務需要的番茄鐘數量。

任務拆分

將大任務拆解成多個番茄鐘單元，以 25 分鐘為一個學習週期。

處理干擾

要注意應對內部和外部干擾，提高專注力。應對內部干擾（如產生雜念），可將其記錄下來後繼續學習；應對外部干擾，要學會委婉地告知他人暫時無法抽身的原因並安排後續處理時間。

專注與休息

要注重每個番茄鐘結束後的 5 分鐘休息時間，休息時盡量放鬆大腦，例如可進行簡單伸展或靜坐。

反思與調整

每天結束時，回顧任務完成情況，對照預估時間和實際花費時間，找出差異原因，不斷調整和改進學習計劃。

溫馨提示

在初次嘗試番茄學習法時，可能會需要一些時間來適應。自我激勵與來自他人的支持和鼓勵，對形成良好的學習習慣至關重要。

番茄學習法實踐指南

✓ 設定明確的任務目標

在每個番茄鐘開始前，設定一個具體可實現的目標。比如，計劃在接下來的 25 分鐘裏完成一篇報告的一部分，或者複習一個數學公式。這樣的明確目標有助於提高專注度和效率。

✓ 遵循時間規則

每個專注階段保持 25 分鐘，然後休息 5 分鐘。在 25 分鐘的專注時間內，關閉所有社交媒體和電子郵件通知，專注於任務。使用計時器或手機應用來確保時間的精確性。當計時器響起時，不管任務是否完成，都立即開始休息。

✓ 有效利用休息時間

在 5 分鐘的短暫休息期間，做一些完全不同於任務內容的活動。例如，站起來伸展身體，短暫地走動或做一些輕鬆的體操，或者簡單地閉眼冥想。這樣可以幫助大腦放鬆，減輕疲勞。

✓ 反思和調整

定期評估這種方法的效果。如果發現 25 分鐘的專注時間過短或過長，可以適當調整，比如嘗試 30 分鐘專注加 5 分鐘休息，找到最適合自己的節奏。記錄每天的進度，以便找到最有效的工作模式。

001 黃金時間學習法

利用效率最高的時間段來學習。

原理 人的大腦在不同時間段的活躍程度不同，在大腦最清醒和最活躍的時間學習，可以更好地吸收和記住信息。

應用場景 因學習時間有限，需要找到最佳學習時段，優化學習效率。形成自己的高效生物鐘。

實操技巧 根據個人的日常生活習慣，找到並利用每天的「黃金時間」，如清晨、上午、晚上或睡前等，進行高效率的學習活動。

你知道嗎？有些特定的時間段，大腦的學習效率會非常高，這就是「黃金時間學習法」的核心原理。黃金時間學習法源於對人類注意力和記憶力週期的研究，這一方法強調**在一天中特定的時間段內進行學習或工作，以達到最高效。**

歷史上，多項心理學和生理學研究揭示了人們在特定時間段內的認知功能表現更加出色，這些時段通常與我們的生物鐘和日常節律緊密相關。實踐者發現，利用這些「黃金時間」進行學習，不僅可以加深理解和記憶，還能顯著提高學習效率，減少因疲勞和分心引起的時間浪費。

如何定義「黃金時間」？

定義「黃金時間」並不是一件一刀切的事情，因為每個人的生物鐘和日常節律都有所不同。一般來說，「黃金時間」指的是個人在一天中精力最充沛、注意力最集中的時段。

對於大多數人而言，這通常出現在早上，特別是早晨醒來後的幾個小時內，因為這時候大腦從充足休息中「蘇醒」，思維最為清晰。然而，也有部分人在夜晚感到更加精力充沛和思維敏捷。因此，確定個人的「黃金時間」需要觀察和實驗，通過幾天或幾週的時間記錄和複盤，找出自己在一天中的甚麼時間段最能高效學習和工作，然後有意識地在這些時段安排最需要思維集中的任務。

 黃金時間學習法：讓學習效率飛速提升！

黃金時間學習法的應用可以靈活依據個人的生物鐘和學習習慣進行調整。例如，有些學生發現自己在清晨的頭幾個小時內對於抽象概念的理解和記憶能力特別強，因此他們會選擇這個時間段來學習數學或物理等需要強邏輯思維的科目。而另一些學生發現自己在傍晚到晚上的時間段內思維最為活躍，這時候閱讀文學作品或撰寫論文不僅效率高，而且能產生更多創新的想法。

實例：小明的學習時間表

 **清晨** 6:30 ~ 7:30

小明剛起床，頭腦清醒。他用這段時間背誦英語單詞和數學公式，記憶效果非常好。

 **上午** 9:00 ~ 11:00

上學後，小明精力充沛，專注力強。這時主攻實驗分析和數學題目解析，發現解決問題更加得心應手。

 **下午** 4:00 ~ 6:00

放學回家後，小明常進行創造性活動，如繪畫和科學項目。大腦在這個時候最適合進行創新和應用性學習。

 **晚上** 8:00 ~ 9:30

晚飯後，小明整理一天所學，回顧筆記，做輕鬆的閱讀，幫助大腦鞏固知識。

通過這樣的學習時間安排，小明在每個時間段都發揮了最大的學習效能，讓學習變得更加高效和愉快。

 掌握學習方法的關鍵

▶ 識別黃金時間段

了解並記錄一天中何時最清醒、最能集中注意力。通常是早晨起床後、上午和晚餐後的時間段。

▶ 匹配學習內容

根據不同時間段的大腦活力，安排適合的學習活動。例如，早晨適合記憶密集型學習，晚上適合複習和整理。

▶ 創建學習計劃

制定一個靈活的學習計劃，涵蓋一天中的各個黃金時間段，確保每個時間段都有特定的學習目標。

▶ 實時調整與優化

根據學習反應和效果，不斷調整學習計劃，以使學習既高效又愉快。

通過這些步驟，可以充分利用每一天的學習時間，讓學習效率像坐上了火箭一樣飛速提升。

溫馨提示

切記要關注自己的健康和情緒狀態。確保有足夠的休息時間和娛樂時間，避免過度學習帶來的壓力和疲勞。

黃金時間學習法實踐指南

✓ 找到並利用好個人的黃金時間段

一天中，每個人總會有相對較為清醒、專注的時間段。通過一段時間的記錄、觀察，找到這個時間段，並將其用於學習最具挑戰性或重要的內容。如果你發現自己在早上醒來後的幾個小時內精神最為集中，那就把這段時間安排為學習新概念或複雜題目的時間。

✓ 避免在黃金時間段做低效率的活動

在黃金時間段避免做一些消耗精力卻效果不大的活動，如查看電子郵件或處理日常瑣事。如果你的黃金時間段是早上 9 點到 11 點，那麼在這段時間裏不要安排任何會議或者處理非緊急的郵件，而是專注於學習或工作中最需要深度思考的部分。

✓ 在非黃金時間段處理較輕鬆的任務

將較為輕鬆的任務安排在非黃金時間段進行。如果你下午感到疲倦，那麼可以在這個時候安排瀏覽舊知識或者閱讀圖書等活動，而不是嘗試解決複雜問題。

✓ 根據個人節奏調整學習計劃

密切注意自己的身體和精神狀態，根據自身的變化靈活調整學習時間。如果某天你在通常的黃金時間段感到疲憊，可以選擇進行一些輕鬆活動，或者短暫休息，把重要的學習任務推遲到精神狀態恢復後再進行。

〇〇三

GTD 時間管理法

通過有效的時間管理和任務計劃將任務外化，提高專注度。

原理 明細地列出任務，通過系統化的組織和處理減少心理負擔，從而提高專注力和學習效率。

應用場景 適用於需要處理大量任務的情況；特別適合於忙碌且多任務的場景。

實操技巧 將所有學習任務記錄下來，分類並決定行動步驟，定期審查和調整學習計劃。

如果你能高效地管理學習任務，掌控你的學習，提高效率，學習將變得很輕鬆！GTD 時間管理法可以教你如何有效地整理學習任務，從而更專注、更有效地學習。GTD 時間管理法源自大衛・艾倫的時間管理方法。艾倫在其著作《儘管去做》中提出了這個方法，其核心在於外化記憶，通過系統化管理提高效率和生產力。

 系統化管理

GTD 時間管理法的核心在於**捕獲所有需要處理的任務，然後將它們分類整理到具體的行動列表中**，以便在合適的時間執行。GTD（Getting Things Done）三個字母分別代表「完成任務」的方法論。“Getting”代表「獲取」，“Things”指所有需要處理的任務，而“Done”強調的是「完成」。通過將任務外化，學習者能夠清晰地「看到」它們，並有效地規劃時間和分配精力，減少因任務遺忘或混亂帶來的焦慮。

GTD時間管理法如何讓你的學習任務變得井然有序？

實踐 GTD 時間管理法需要將所有學習任務和想法記錄下來，進行分類，然後決定每項任務的具體行動步驟。運用的關鍵在於定期審查這些任務，確保每項任務都按計劃進行。這種方法要求學習者在收集任務時做到全面，制定實際可行的計劃，並在執行過程中靈活調整。

實例

積奇需要準備五項課程的期末考試：數學、物理、化學、歷史和英語。他決定運用 GTD 時間管理法來提高複習效率。

【GTD 時間管理法在期末複習中的應用】

收集資料 → 將資料分類 →
制定複習計劃 ←→ 執行計劃 →
調整計劃 → 繼續執行計劃

1. 獲取：【收集資料】

收集所有需要複習的資料，包括課本、筆記、練習題和模擬試題。

2. 處理：【將資料分類】

為每一項資料設定標籤，不同科目、不同內容、不同形式等。

3. 組織：【制定複習計劃】+【執行計劃】

將複習任務按優先級排序，並制定複習計劃。開始第一輪執行。

4. 複審：【調整計劃】

定期檢查複習進度，調整學習計劃以適應實際情況。

5. 執行：【繼續執行計劃】

根據計劃執行複習任務，包括閱讀、做練習題和進行模擬考試。

積奇通過持續更新的學習資料，並針對每個科目制定詳細的複習計劃，確保每天的複習任務既具體又可實施。他定期檢查複習進度，根據需要重新安排複習優先級，確保能夠針對性地解決複習中遇到的問題。這個過程提升了複習效率，增強了對複習進度的掌控，使得複習工作有條不紊地推進。

掌握學習方法的關鍵

收集所有任務

記錄下所有任務，將這些任務從大腦轉移到記錄工具上。

處理和組織任務

對任務進行組織。根據任務的優先級和截止日期進行排序。

制定具體行動計劃

對每個任務制定明確的執行計劃，確定開始和完成的時間。

定期審查進度

每週至少進行一次審查，適當調整計劃。

溫馨提示

你的任務可能會隨時間變化，因此需要定期審查和調整你的計劃。保持記錄的更新和清晰，可以幫助你更有效地管理任務。

GTD時間管理法實踐指南

✓ 精確的任務捕捉和分類

成功實施 GTD 時間管理法的關鍵在於全面捕捉任務。例如，小明面對即將到來的期末考試和多個課程項目，他細緻地記錄了每一項學習活動，包括課堂筆記整理、論文研究和小組討論會。之後，他根據任務的性質（如閱讀、寫作、實驗等）和緊急程度進行分類，確保每個任務都得到適當的安排和管理。

✓ 制定實際可行的行動計劃

GTD 時間管理法不僅要求記錄任務，還需要制定明確的行動計劃。小紅在準備生物化學的考試時，不僅列出了需要複習的章節，還規劃了每天的複習內容和具體時間。她設定了明確的目標，比如「週三前完成第五章的複習」，並為每個小目標制定了具體的複習步驟。

✓ 定期審查與更新任務

定期的審查和更新是保持 GTD 系統有效運行的關鍵。小剛每週日都會花時間審視他的學習清單，評估每項任務的進展情況，並根據最新的學習需求和優先級進行調整。定期審查使他能夠靈活應對學習中的變化，如突然增加的作業或變更的考試日期等。

✓ 有效應對和調整優先級

在面對緊急和重要任務時，能夠快速調整優先級是 GTD 時間管理法的核心。約翰在準備 GRE 考試的同時，還需要完成他的畢業論文。他根據各項任務的截止日期和重要性，優先處理了 GRE 考試的複習。對於論文，他分解了寫作過程，將其安排在考試複習的間隙，以確保兩者都能有效進行。

○○四

心流學習法

通過深度專注，提升學習效果和體驗。

原理 在特定條件下，進入深度專注的心流狀態，從而有效提升效率和創造力。

應用場景 適用於學習者希望進入一種高度專注、高效能的學習狀態需求。在學習過程中可以獲得內心滿足和成就感。

實操技巧 創造一個無干擾的環境，設定清晰的目標以促進深度專注的體驗。

心流學習法不只是提高效率那麼簡單，它還能讓你感到快樂和滿足。這個方法是由心理學家米哈里·契克森米哈伊發現的。他觀察到藝術家們在畫畫時，完全沉浸在自己的世界裏，忘記了時間。契克森米哈伊博士對這種專注的狀態感到好奇，他開始研究這種狀態，並將其命名為「心流」。

他發現，不僅是藝術家，每個人在做自己熱愛且具挑戰的事情時，都能進入這種神奇的心流狀態。在這個狀態下，我們可以做得更好，同時感覺也更棒。

沉浸即創造

心流學習法能夠幫助我們實現「最佳體驗」。**我們完全投入並集中注意力於當前任務，找到個人能力極限與突破的平衡點。**在這個點上，可以享受過程，從中獲得快樂。

要達到這個心流狀態，首先需要對自己的技能水平和挑戰難度有清晰的認識。接着，設定一個具體而明確的目標，這個目標應該既符合自己的能力範圍，又略帶挑戰，能激發你的興趣和動力。在這個過程中，應當全身心地投入，消除所有外界干擾，保持持續的專注狀態。

 心流學習法如何讓學習時光既快樂又滿足？

心流學習法的秘密就在於找到平衡點——那個既不太難也不太簡單，剛剛好能激起興趣的點。在這個點上，我們既感到有挑戰性，又感到能夠應對，這會讓學習變得既刺激又愉快。想像一下，我們解決問題得到正確答案時的那種興奮和成就感，就是心流學習法帶來的魔力！

實例

小涵家裏的環境太過嘈雜，在她想畫畫時，總是難以集中注意力。

創造安靜的繪畫空間

小涵的父母在家裏為她設置了一個專用的繪畫角落。這個角落遠離家中的「干擾源」，如電視聲音和家庭成員的活動噪聲。

他們還確保這個空間有充足的自然光線和必要的繪畫用品，讓小涵能夠輕鬆地進入她的創作世界。

維持穩定的繪畫時間

每天固定時間，小涵的家庭會保持一段安靜時光，讓小涵可以不受打擾地繪畫。這段時間被視為一種家庭儀式，其他家庭成員在這段時間內會盡量減少活動和噪聲。

小涵的心流體驗

在這樣的環境中，小涵自己能夠更容易地專注於繪畫。她沉浸於每一個筆觸和顏色中，完全忘記了周圍的世界。

這種無干擾的環境幫助小涵進入心流狀態。她在繪畫中找到了快樂，每次繪畫都成為她探索自我和提高創造力的旅程。

通過這個案例，我們可以看到創造一個無干擾的環境對於進入心流狀態的重要性。這樣的環境不僅提高了小涵的專注力和創造力，更重要的是，這使她的學習和創作過程變得充滿樂趣和成就感。

掌握學習方法的關鍵

精確定義任務的挑戰度

選擇與自己能力水平恰好匹配且略帶挑戰性的任務，這是心流學習法的核心，能讓我們保持興趣並獲得成就感。

消除外部干擾

創造無干擾的環境，對於進入心流狀態至關重要。

設定清晰的短期目標

制定可實現的短期目標，這有助於我們明確學習的方向和目的，是心流學習法中保持動力和專注的關鍵。

專注於過程

專注於學習或活動的過程，而非只關注結果。享受活動本身，可以進一步促進心流狀態的發生。

溫馨提示

重要的是享受學習的過程，而非過分關注結果，這有助於我們更自然地進入心流狀態。

心流學習法實踐指南

✓ 找到平衡點

根據心流理論，找到技能提升和挑戰難度之間的平衡點至關重要。例如，如果孩子在某個科目上表現出色，可以逐步提升該科目的難度，要確保挑戰能夠刺激他們的興趣，但同時不至於讓他們感到不可逾越的困難。

✓ 優化反饋機制

根據米哈伊．契克森米哈伊的心流理論，及時反饋是維持心流狀態的關鍵。在學習或創作過程中提供具體且建設性的反饋，以調整學習策略。

✓ 利用時間管理方法

通過有效的時間管理技巧，比如番茄學習法，幫助我們維持專注力，這是進入心流狀態的重要條件。定時的專注和休息週期有助於保持精神飽滿，避免學習疲勞。

✓ 培育深度學習狀態

不只是為了完成任務而學習，而是想深入理解概念內涵。這種深度學習目標有助於我們進入心流狀態，它要求更高水平的認知投入和創造性思考。

✓ 情緒調節

情緒對於進入心流狀態至關重要。通過情緒管理技巧維持良好的情緒，這樣我們在面對學習挑戰時更容易保持專注和高效。

〇〇五

微學習

一種靈活、高效、個性化的學習方式，旨在積跬步於千里。

原理 微學習側重於小片段的知識獲取，使學習者能夠在短時間內有效吸收信息。

應用場景 適用於處於忙碌生活狀態時。

實操技巧 將大的學習目標分解為多個小部分，利用碎片時間，每次專注於一個小部分進行學習。

如果你能在忙碌的日常中，通過每天的碎片時間，就能學到新的知識或技能，該有多好？這正是微學習的魅力所在。

微學習起源於 21 世紀初，它的出現與數字技術的發展密切相關。智能手機的普及使得信息獲取變得極其便捷，人們開始習慣於快速瀏覽和吸收信息。同時，認知科學的研究表明，人們在短時間內處理有限信息的效率更高，這為微學習提供了理論支持。

 「信息塊」理論

這種理論認為人腦更善於在短時間內接收和處理有限的信息。**將複雜的學習內容分解成小塊，每個小塊專注於一個具體概念或技能，學習者可以在短時間內有效地吸收和掌握關鍵信息。**使用過程中，學習者可以根據自己的時間和學習需求，選擇感興趣的學習模塊進行學習，這種學習既可以在通勤路上，也可以在工作間隙，或是休息時間進行。微學習是一種適應現代生活節奏的高效學習方法。

通過微學習，學習者可以在碎片時間高效地吸收新知識。微學習的學習單元通常是幾分鐘到十幾分鐘，這有助於注意力的集中，在短時間快速獲取關鍵信息。

 微學習如何讓碎片時間變成寶貴資產？

這種方法的精髓在於將學習活動無縫融入日常生活的空隙時間，從而實現持續的技能提升而不會感到負擔。

實例

在李明的案例中，他通過微學習有效地利用碎片時間來強化自己的數據分析技能和 Python 編程能力。

首先，李明找到了關於數據分析和 Python 編程的短視頻教程。視頻內容如數據清洗、數據可視化和機器學習基礎等均為他所需的知識，所以即使是短暫的學習也能保證效率和針對性。

接着，利用等待會議開始或通勤等碎片時間做編程練習，通過手機上的編程練習應用，他能夠隨時隨地針對性地加強編程技巧。這種靈活性和便捷性極大地增加了微學習的可行性。

李明的學習不僅限於被動接收知識，他還通過將新學的技能應用到實際工作中，進一步鞏固和擴展了學習成果。「學以致用」讓李明加深了對數據分析和 Python 編程的理解，也讓他即時看到學習成果的實際效益，獲得了滿足感，提升了學習的動力。

李明的例子展示了如何通過精心規劃和利用每天碎片化的時間段進行高效學習。這個方法不僅適用於數據分析和 Python 編程，也可擴展到其他技能的學習。此方法的實施關鍵在於選擇合適的學習資料，確保既能利用碎片時間學習，又能緊密圍繞個人的學習目標，實現高效學習。

掌握學習方法的關鍵

明確學習目標

首先確定通過微學習想要達到的具體學習目標。這些目標應該是明確且可量化的，這樣學習者就可以更有針對性地選擇和規劃學習內容。

選擇合適的學習資源

根據學習目標，選擇合適的學習資源。這些資源可以是網上短視頻課程、精簡的文章或其他可以在短時間內學習消化的材料。

規劃學習時間

利用碎片時間進行學習，比如通勤或午餐前後。將這些時間變成學習時間，養成每天學習的習慣。

持續跟蹤和評估

定期評估學習進度和效果，根據需要調整學習計劃。可以設定每週或每月的複習時間，以鞏固所學知識。

溫馨提示

即使每天的學習時間很短，碎片化的學習也可以帶來累積，長期堅持會有意想不到的收穫。

微學習實踐指南

✓ 確認正確的學習目標

選擇與個人成長緊密相關的學習目標是關鍵。考慮你的職業需求或個人興趣，找到那些個人成長相關的方向。例如，如果你是一名營銷人員，你需要學習最新的數字營銷策略。於是找到相關網上課程，每天花幾分鐘學習一小部分相關的營銷知識。

✓ 保持專注

在微學習過程中，避免分心是一個挑戰。為了保持專注，你可以在安靜的環境中學習，或使用防噪聲耳機。此外，將手機調至勿擾模式也是一個有效的策略。

✓ 有效整合學習資源

當你面對大量分散的學習資源時，整合這些信息是非常重要的。你可以通過建立思維導圖或製作簡潔的筆記來整理。例如，如果你在學習編程，你可以創建一個總結了不同編程概念和語法的思維導圖。這不僅有助於鞏固記憶，還能使你快速回顧這些知識。

✓ 將所學應用於實際

為了加深對所學知識的理解和記憶，將學習內容應用於實際情景是必不可少的。如果可能，試着將新學到的技能或知識應用在工作或日常生活中。

第二章

讓閱讀或記筆記事半功倍

本章將帶你探索高效閱讀和筆記的秘訣。面對海量的信息和知識，如何有效地篩選、整理和回顧成為關鍵。本章分享的科學方法，可以讓閱讀和筆記工作更加事半功倍，助你輕鬆應對學習和工作中的信息處理挑戰。

〇〇六

康奈爾筆記法

結構化的筆記佈局提升信息整理和回顧效率。

原理 利用筆記本頁面分區：提示欄、記錄欄和總結欄，以促進信息的有效記錄、組織和複習。

應用場景 適用於任何聽課、閱讀或自學時需要做筆記的場合，提高學習效率。

實操技巧 在聽課或閱讀時，在記錄欄詳細記錄關鍵信息；然後在提示欄添加問題和關鍵詞，作為複習時的提示；最後在總結欄總結本次學習的主要內容。

你有沒有想過，小小的筆記本也能成為一種高效學習的秘密武器？這正是康奈爾筆記法的應用效果。在20世紀50年代，康奈爾大學的教育心理學家沃爾特·波克觀察到傳統的筆記方法無法有效支持學生的複習和深入學習。為了解決這個問題，波克教授開發了一種創新的筆記系統，即康奈爾筆記法，它通過特別的頁面佈局優化信息記錄和整理過程。波克教授的這一創新方法迅速在學術界傳播，被廣泛認為是一種高效的學習和複習工具。

高效筆記，深度學習

康奈爾筆記法的核心在於其頁面的三分法結構。**提示欄：**用於列出關鍵詞、問題和概念等提煉信息；**記錄欄：**用於記錄課堂講授或閱讀材料的詳細信息；**總結欄：**用於概括核心觀點或總結。這種結構使筆記更有組織性，有利於深度學習和有效複習。

康奈爾筆記法如何變成學習的秘密武器？

康奈爾筆記法，不僅優化了記錄信息的過程，更重要的是，它引導學習者在學習的各階段主動思考和參與。

實例

李華是一名初中生，最近在數學課上學習了有關二次方程的內容。他使用了康奈爾筆記法。

列出關鍵詞、問題和概念

提示欄

- 二次方程定義
- 標準形式
- 解的公式
- 判別式
- 實際應用問題

記錄課堂講授或閱讀材料的詳細信息

記錄欄

二次方程定義：形式為 $ax^2+bx+c=0$ 的方程，其中 $a \neq 0$。

標準形式：$ax^2+bx+c=0$，a,b 和 c 未常數。

解的公式：

$$x=\frac{-b\pm\sqrt{b^2-4ac}}{2a}$$

用於計算 2 次方程的根。

判別式：$\Delta=b^2-4ac$，用來判斷方程的根的性質（實根、重根、虛根）。

實際應用問題：如運動物體的位移與時間的關係，商品的最大利潤問題等。

概括核心觀點或總結

總結欄

- 二次方程形式：$ax^2+bx+c=0$。
- 解法：使用解的公式，注意判別式 Δ 的值。
- 應用：理解二次方程在現實問題中的應用，如物理運動、經濟模型等。

在這個筆記中，提示欄標註了主要概念和關鍵問題，記錄欄詳細記錄了二次方程的定義、形式和相關概念的信息，而總結欄則提供了快速回顧的主要要點，便於學習者在複習時迅速抓住核心內容。這種結構化的筆記方式有助於學習者清晰地組織和回顧知識點，促進深度理解和記憶。

康奈爾學習法的優勢還在於它的全面性和靈活性，能夠適應不同學科和個人的學習風格，是學習者在各種學習場景中的強大工具。

掌握學習方法的關鍵

▶ 熟悉筆記佈局

開始時，先了解康奈爾筆記的三個部分：記錄欄、提示欄和總結欄。

▶ 練習清晰地記錄

在記錄欄記錄詳細信息，要抓住重點，保持清晰和條理，方便以後查找。

▶ 學會提問和概括

在提示欄寫下問題或關鍵詞，問題應該能幫助你複習時深入思考。在總結欄，概括你所學的主要內容。

▶ 常回顧和調整

定期翻看舊筆記，特別關注提出的問題和總結部分，這樣可以幫助複習主要內容。根據自己的實際情況，調整筆記細節，讓它更適合你。

溫馨提示

注意筆記的填寫時機，提示欄更適合在思考、回顧的時候寫，記錄欄更適合在課程中填寫，總結欄適合在最後填寫。

康奈爾筆記法實踐指南

✓ 充分利用記錄欄

記錄欄不僅僅用於記錄事實，還應包含對概念的解釋和個人見解。志軒學習經濟學原理時，不只記錄定義和理論，還在旁邊標註自己的理解和這些概念與現實生活的關聯，這使他在複習時更容易理解和記憶。

✓ 有效使用提示欄

提示欄的問題應具挑戰性，以促進深入思考。小強在學習生物課時，在提示欄中不僅提出了「甚麼是光合作用？」還擴展到「為何光合作用在生態系統中至關重要？」這樣的問題。這種方式能激發他的好奇心和進一步探索的動力。

✓ 精心撰寫總結欄

總結欄應簡潔且全面，概括主要學習內容。

在學習完歷史課本的一章內容後，惠明寫下了該章內容涉及的主要事件、人物和重要性的總結，這使得她在考試複習時更加高效。

✓ 整合知識，形成聯繫

在複習時，努力將筆記中的信息與已知知識建立聯繫是很有益的。比如家希在學習化學時，嘗試將化學反應與物理課上學到的能量守恆定律相聯繫。這種跨學科的聯繫幫助他更全面地理解了化學反應的本質，並在實際問題中應用這些知識。

〇〇七

RORE 閱讀法

通過閱讀、提綱、複習、評價的步驟，深化對文本的理解。

原理 通過結構化的過程，幫助學習者深入理解文本信息。

應用場景 更注重對文本內容的深度理解和長期記憶，適用於各種需要深度理解和記憶的文本。

實操技巧 先瀏覽文本獲取大致框架，然後詳細閱讀並製作提綱，通過不斷的複習和評價，深入理解、分析文本含義。

如何讓閱讀過程更加有序、高效？RORE 閱讀法或許可以給出答案。RORE——R（Read，閱讀）、O（Outline，提綱）、R（Review，複習）、E（Evaluate，評價），其效果在於**不僅提高了閱讀理解能力，還通過複習和評價步驟，加強了對所學內容的記憶。**

系統性探索

RORE 閱讀法的核心在於通過一個分階段的過程，優化閱讀效果和理解深度，從而提升學習效果。首先快速閱讀文本的關鍵部分（如首尾段落）把握文章的大意，接着邊讀邊記，選取關鍵詞或短語記錄在筆記本上，構建對文章結構的初步理解。然後，基於這些記錄，創建論題式提綱，捕捉文本的主要觀點和論據，這一步驟旨在通過組織信息來加深理解。隨後，通過對照原文和必要的重複閱讀，檢查並完善提綱（複習），確保沒有遺漏關鍵信息。最後，對文本內容進行評價，這一步驟可以幫助記憶內容，同時也促進了對文本深層次的理解。

RORE 閱讀法如何讓閱讀變得更高效？

RORE 閱讀法引導學習者通過一系列結構化的步驟，更高效地閱讀和學習。開始時，快速閱讀文章的關鍵部分，對主題初步理解。接着，通過挑選關鍵詞或短語並記錄，強化對文章結構和重要信息的把握。創建論題式提綱可以進一步深化理解。檢查和完善提綱確保了對文章的全面掌握。評價階段的自我反思，加強了對文章深層次的理解和鞏固。

實例

小玲需要為即將到來的考試複習一篇關於生態系統的複雜文章。她決定使用 RORE 閱讀法來提高學習效率。

閱讀

小玲首先快速瀏覽文章的引言和結論，初步把握文章的主旨。接着，她回到文章開頭，邊閱讀邊挑選出反映文章核心觀點的關鍵詞語或短語，並將它們記錄在筆記本上。

提綱

基於這些關鍵詞，小玲開始構建一個論題式提綱，明確列出文章的主要論點和論據。她的提綱能夠表現文章的結構，以及不同論點之間的邏輯關係。

複習

使用提綱作為參考，小玲回到文章中，對照她的筆記和提綱檢查是否遺漏或誤解了文章的關鍵信息。她重讀那些複雜或信息量大的段落，確保提綱沒有錯漏。

評價

最後，小玲評估她的提綱和筆記，並通過與課堂筆記和其他學習資料的對比，進一步鞏固了對生態系統概念的理解。

RORE 學習法的關鍵在於有效地記錄和組織信息。小玲在閱讀過程中直接標記出關鍵詞，不僅加速了信息處理，還提升了對文章深層次結構的理解。此外，通過不斷修訂提綱，她能夠對材料有一個全面和準確的把握。

掌握學習方法的關鍵

▶ 精讀文本，關注理解內容的每一個細節

這一步驟要求學習者全面閱讀文本，嘗試理解所有的概念和信息。

▶ 在閱讀過程中或之後，提取關鍵點和概念來創建一個結構化的提綱

在記錄欄記錄詳細信息，要抓住重點，保持清晰和條理，方便以後查找。

▶ 通過複習提綱和筆記，加深對文本的理解和記憶

這個過程可能涉及到對文本的再次閱讀或是和同學的討論，以確認對文本的理解是準確和全面的。

▶ 自我評估理解和記憶的情況

找出理解上的漏洞或是需要額外複習的地方。這一步驟鼓勵學習者對自己的學習過程進行反思，評估學習效果，並在必要時調整學習策略。

溫馨提示

給自己足夠的時間去吸收和理解內容，不要因為無法一開始就掌握一切而感到沮喪。

✓ 準確判斷材料難度

在使用 RORE 閱讀法時，正確判斷閱讀材料的難易程度至關重要。如果一篇文章過於複雜，初次閱讀時應先瀏覽摘要或總結，以把握主旨。這樣，當深入閱讀具體段落時，能更好地理解文章的細節和結構。

✓ 提綱整理挑戰

有時，學習者可能感到從文本中提取關鍵信息並整理成提綱有些困難。此時，可以嘗試將閱讀內容與已知知識相聯繫。通過這種方式，可以更容易確認文本的要點，並組織出清晰的提綱。

✓ 注意檢查遺漏

為避免遺漏重要信息，建議在完成提綱後，再次閱讀原文，確保所有關鍵點都已被列出。這個過程可以視為質量檢查，確保提綱完整無遺漏。採取交叉檢查的方式，比如與同學分享並討論提綱，也是一種有效的檢查手段。

✓ 重視評價和反思

完成閱讀和提綱整理後，進行自我評價和反思是進一步提升的關鍵。可以回顧自己的學習過程，評估哪些方法有效、哪些需要改進。例如，某次閱讀後提綱的質量不高，學習者經過評價和反思後發現可能需要調整閱讀策略，如增加注釋、標記重要信息等，以改進學習效果。

〇〇八

SQ3R 學習法

通過瀏覽、提問、閱讀、複述和複習五步法，系統地深入掌握知識。

原理 通過五個步驟—Survey（瀏覽）、Question（提問）、Read（閱讀）、Recite（複述）、Review（複習）——來加深對知識的理解和記憶。

應用場景 一種系統性的閱讀方法，更適用於深入理解和掌握學術性、專業性的內容。

實操技巧 首先瀏覽全文，獲取大致框架；然後提出可能的問題；接着深入閱讀，尋找問題的答案；之後嘗試不看原文，用自己的話複述所學內容；最後定期複習，鞏固記憶。

當學習遇上 SQ3R 學習法，每一次翻閱書頁就好像是在一座知識迷宮中探險，閱讀每個段落、每個章節都變成解謎的過程。

這個方法的創立者，弗朗西斯．羅賓遜，是一位洞察教育心理學的學者。他在 20 世紀 40 年代發現，很多學生在閱讀時，雖然眼睛在書頁上移動，但大腦並沒有真正參與進來。於是，他提出了 SQ3R——一種旨在讓學習者主動閱讀，並在閱讀中進行有意義探索的學習方法。

系統閱讀，深化理解

SQ3R 學習法的核心在於**通過一套系統化的閱讀流程，深化對閱讀材料的理解和記憶**。這種方法將閱讀過程劃分為五個階段——瀏覽（Survey）、提問（Question）、閱讀（Read）、複述（Recite）和複習（Review），首先，通過瀏覽整體內容來把握主要思想和結構，為深入閱讀做準備；接着，通過提出問題激發好奇心，引發思考，這有助於在接下來的閱讀中有意識地尋找答案；然後，在閱讀過程中，集中注意力解答這些問題，並深入理解材料；再通過複述，使用自己的話語重述所學內容，來加強理解和記憶；最後，通過定期複習來鞏固知識，以實現長期記憶。

 如何找到知識寶藏

SQ3R 學習法通過這種有組織的方式，使學習不僅僅是被動地獲取信息，而是成為一個積極的、思考深入的探究過程。

實例

小明面臨一個挑戰：理解並記憶生物學中的遺傳學內容，為了克服這一挑戰，他決定採用 SQ3R 學習法。

瀏覽

小明首先瀏覽了整個遺傳學章節標題和重點，如「孟德爾的遺傳規律」和「DNA 的結構和功能」等，把握了章節的整體框架，知道了自己即將深入學習的主要內容。

提問

對於每一個小節，小明提出了具體的問題，比如「孟德爾的實驗驗證了哪些遺傳學理論？」「DNA 複製過程中發生了甚麼？」這些問題為他的學習設定了明確的目標。

Read

閱讀

在閱讀每個小節時，小明專注於找到問題的答案。他仔細閱讀了孟德爾的豌豆實驗描述，理解了顯性基因和隱性基因的概念，學習了 DNA 的複製機制。整個過程他都在主動尋找問題的答案。

Recite

複述

閱讀後，小明嘗試不看書本，用自己的話來複述他所學的知識點。他解釋了孟德爾遺傳定律的內容，並描述了 DNA 複製的步驟。

複習

學習了幾天後，小明回顧他的筆記和問題列表，確保記住了關鍵信息，可以應對即將到來的考試。

通過這種方法，小明不僅成功地掌握了遺傳學概念，還提高了他的學習效率和記憶力。SQ3R 學習法的系統性讓他的學習過程變得更加有目的和高效。

 掌握學習方法的關鍵

準備階段

選擇一個安靜的環境，準備好必要的學習材料。

遵循 SQ3R 步驟

依次執行 SQ3R 的五個步驟：瀏覽、提問、閱讀、複述和複習。

積極參與與反思

在每個步驟中積極參與，自我檢查執行的效果。

溫馨提示

一開始可能會覺得有些費時，但隨着實踐增多，你會發現自己的理解和記憶能力顯著提升。堅持和細心是實踐這個方法的關鍵。

SQ3R學習法實踐指南

✔ 細緻地瀏覽

確保在瀏覽時捕捉關鍵信息。例如，小明在學習物理課本的電磁學章節時，初始僅掃視了標題。然而，在開始詳細閱讀前，他回頭再次瀏覽，這次注意到了每一節的關鍵詞和圖表説明，幫助他在提問階段更能針對性地提出問題。

✔ 深思熟慮地提問

提出的問題應能促進深入理解。如小莉在閱讀關於第二次世界大戰的文章時，不僅會問「何時發生了哪些事件」，還會思考「特定事件是如何影響戰爭進程的」。這類問題引導她在閱讀時尋找更深入的解釋。

✔ 專注地閱讀

閱讀時需集中精神，嘗試理解深層含義。例如，佩詩在學習生物學關於細胞分裂的內容時，最初閱讀速度很快導致對某些概念理解模糊。後來她重新閱讀這部分內容，特別是對於難以理解的部分，她放慢了閱讀速度，以確保完全理解每個步驟和術語的含義。

✔ 深入地複述與複習

複述時要準確全面；複習時要重點關注之前理解不足的內容。小梅在學習外國文學時，嘗試向朋友複述某部小説的內容與內涵。在這個過程中，她發現自己對某些情節的理解不夠深刻。因此，她再次閱讀了那些內容，並在隨後的討論中分享自己的新理解，這有助於她更全面地掌握。

第三章

不再為多線或繁重任務而煩惱

本章節揭示了高效應對多線和繁重任務的秘訣。在這個快節奏的時代，我們經常面臨來自各種任務的壓力和挑戰。通過本章分享的方法，我們希望能幫助你學會如何合理安排任務，提高工作效率，從而輕鬆應對各種挑戰，實現事業與生活的雙贏。

〇〇九

定量法

通過設定具體目標和計劃，專注學習內容，提高學習效率。

原理 通過明確的目標和計劃，可以讓學習者有效地利用時間，減少無目的的學習。

應用場景 學習任務重，實施難度大時很適用。

實操技巧 設定明確、可量化的學習目標，通過日常的時間管理和定期複習，確保持續、高效地完成目標。

有一種學習方法，運用了之後，你就像擁有了一個私人學習教練，能夠幫你設定清晰的學習目標，並監督你高效地完成任務。這就是定量法，一種簡單卻極為強大的學習策略。通過設定簡單的每日學習目標，比如閱讀一本繪本，或是學習幾個新單詞，可以讓你在壓力不大的情景中學習，同時逐漸建立起自主學習的習慣。定量法幫助你管理和利用時間，激發你對新知識的好奇心。更重要的是，它幫助人們學會如何學習，為學術生涯和個人成長奠定堅實的基礎。

設定與追蹤

定量法在學習上的應用是一種將模糊的學習目標具體化、量化的過程，**旨在通過設定明確的數字目標和持續追蹤這些目標的實現情況來提升學習效率。**例如，設定每日閱讀 40 頁圖書內容或者在一週內解決 3 道複雜的數學問題，這些具體的量化目標能夠為學習者提供清晰的方向和動力。學習者應用這個方法時，可以建立一個系統的追蹤和評估機制，比如使用學習日誌記錄每天的學習內容和時間，或者設立定期的自我評估環節來檢查學習目標的完成情況。這樣的做法不僅幫助學習者維持學習的連續性和系統性，而且也促使他們在面對學習挑戰時及時地調整學習策略和方法，確保學習目標的實現。

定量法如何讓種子長成果實？

通過定量法，學習者可以高效實現目標導向的學習。這種方法通過設定具體的學習量，如每天閱讀的頁數，解決的題目數量，或者學習的時間長度等，使學習過程變得更加明確和可衡量，從而明確努力方向，增加學習動力。

實例

小明是一名 7 歲的小學生，他的媽媽希望通過定量法來提升他的閱讀能力。

設定具體目標

閱讀

每天閱讀至少 10 頁兒童故事書的內容。

制定詳細計劃

閱讀時間

每晚睡前閱讀，大約需要 20 分鐘。

準備材料

圖書

選擇小明感興趣的故事書，確保內容適合他的閱讀水平。

日常執行

跟蹤進度

用進度表記錄每天完成的頁數。

互動學習

媽媽每晚與小明一起閱讀，討論故事內容。

定期檢查與反饋

每週回顧

週末時，回顧一週的閱讀內容，討論小明最喜歡的故事。

獎勵機制

完成一週目標後，小明可以獲得一些小獎勵。

調整與優化

反饋調整

根據小明的年齡和閱讀能力的提升，可適當調整閱讀內容。

通過這種方法，小明不僅成功地掌握了遺傳學概念，還提高了他的學習效率和記憶力。SQ3R 學習法的系統性讓他的學習過程變得更加有目的和高效。

掌握學習方法的關鍵

▶ 精確設定學習目標

確定每天或每週的具體學習目標。

▶ 制定詳細的學習計劃

基於設定的目標，制定一個詳細的學習計劃。

▶ 跟蹤和記錄學習進度

使用進度跟蹤表來記錄每天完成的學習任務。

▶ 定期檢查和反饋

每週回顧學習進度，自我檢查是否達到了既定目標。

▶ 根據需要調整學習目標

根據學習情況，適時調整學習目標和計劃。

溫馨提示

每個人的學習速度和風格都是獨一無二的，所以在實施定量法時，務必要考慮到個性和喜好。

定量法實踐指南

✓ 目標設定的微調

如果感覺目標太簡單或太困難，那麼應該根據個人的能力和興趣調整目標。例如，如果小明開始時閱讀 10 頁覺得太多，可以先從 5 頁開始，慢慢增加到 10 頁，逐步提升。

✓ 保持學習的趣味性

在定量法實踐中，可以通過設定遊戲化目標來保持學習的趣味性。例如，在學習 20 個單詞後獎勵 5 分鐘遊戲時間。這樣既保證了學習量，又沒有忽視休息和放鬆，增添了趣味。

✓ 有效的時間管理

建立固定的學習習慣和時間管理能力，例如設定每天特定的學習時間，並使用計時器來監督。小華有固定的家庭作業時間——每天吃完晚飯休息 30 分鐘後開始，這種方式能幫助他養成良好的作業習慣。

✓ 動態的進度追蹤

使用簡單直觀的方法來追蹤學習進度，如製作進度牆或進度表。例如，小麗家裏有一面進度牆，每完成一項學習任務，她就貼上一顆星星或一張貼紙，這樣既增加了樂趣，也讓她看到了自己的進步。

✓ 家長作為支持者的角色

在孩子使用這種學習法時，家長應該扮演支持者的角色，定期檢查孩子的學習進度，提供必要的指導，同時給予孩子自主學習的空間。

〇一〇 四象限法

將任務按重要性及優先級分類，更高效地安排任務的執行。

原理 將學習內容按重要性和緊急性分類，以優化學習計劃和資源分配。

應用場景 適用於時間管理和工作規劃；有效管理時間和資源，優化工作與生活效率。

實操技巧 將學習任務劃分在四個象限：重要緊急、重要不緊急、不重要緊急、不重要不緊急，優先處理重要緊急的任務，合理安排其他任務。

想要徹底改變你的學習方式，讓每一分鐘都充滿價值嗎？四象限法，一種革命性的時間管理和學習方法，可能就是你要尋找的答案。這種方法由著名的時間管理專家史蒂芬·柯維在其暢銷書《高效能人士的七個習慣》中首次提出。它基於一個簡單但強大的理念：**通過區分任務的緊急性和重要性，來優化你的時間和精力。**

史蒂芬·柯維是一位傑出的領導力和個人效能專家，其深刻的洞察力和實用的策略影響了全球數百萬人。他的四象限理論深受個人效能和企業管理領域的推崇。

優先級與效能

四象限法的核心在於「優先級與效能」。學習者可以將任務分配到四個不同的象限中，根據其緊急性和重要性進行優先級排序。這種分類使得學習者能夠清晰地識別哪些內容是真正值得投入時間和精力的，從而避免在不那麼重要的任務上浪費寶貴的時間。

通過運用四象限法，學習者可以以一種更輕鬆、更有條理的方式實現高效學習。通過優先處理那些緊急且重要的任務，你不僅能夠高效地管理學習時間，還能確保自己的努力專注在個人成長主線上。

 四象限法如何讓每一分鐘都有價值？

當你開始實踐四象限法時，關鍵在於學會合理分類和排序你的任務，包括學習任務或生活事務。把它們一目了然地分為四類。

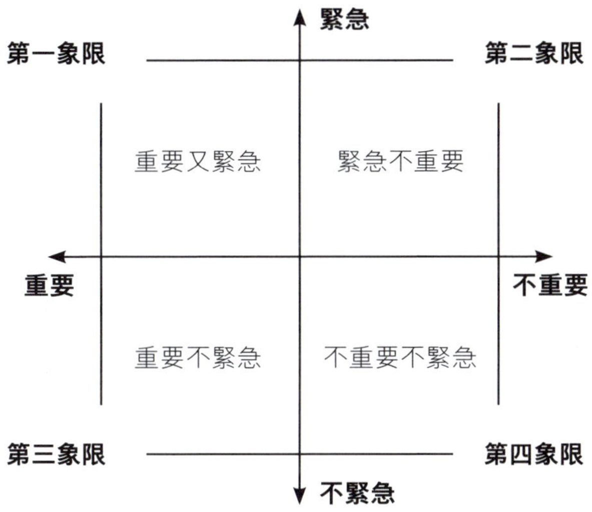

實例

小玲是一位學業忙碌且課餘生活豐富多彩的大學生。期末考試臨近，需要複習；同時，她還兼職家教來賺取生活費；此外，她的高中閨蜜小紅突然來訪，希望能和她一起玩。

四象限分配

第一象限（優先處理）：期末考試複習是小玲當前最緊迫和重要的任務，應該制定詳細的學習計劃，確保每天有足夠的時間用於複習。

第二象限（有效利用）：與高中閨蜜小紅共度時光。小紅的到來對小玲來說是具有緊急時效性的，但與期末考試的重要性沒法比，可以稍微安排在非學習時段。小玲可以選擇在晚餐後或學習間隙與小紅相見，既不影響學習效率，又能保持友誼。

第三象限（適當調整）：雖然家教工作對於維持生活費用是必要的，但考慮到期末考試的重要性，小玲可以與家教僱主溝通，說明自己的情況，一起商量在考試週減少工作時間或調整時間表。

第四象限（減少）：其他非必要的社交活動、長時間的娛樂等。可以在期末複習期間被最小化或暫時擱置。

通過這樣的四象限時間管理，小玲可以在緊張的期末複習期間保持高效的時間利用，同時也能平衡學習和課餘生活的需求。

掌握學習方法的關鍵

評估和分類任務

檢視你的待辦事項，需要誠實地評估每項任務的真正重要性，以及完成它們的實際緊迫性。

制定計劃和優先級

根據任務的分類，制定你的日程計劃。給予第一象限的任務最高優先級，隨後是第二象限的任務。適當減少花費在第三象限和第四象限任務的時間。

溫馨提示

生活中的情況總是在變化，時常需要我們根據新情況調整任務優先級和計劃。四象限法不只是一種時間管理工具，它也是幫助我們平衡生活的一種方法。

四象限法實踐指南

✓ 應對「緊急但不重要」的干擾

我們常常被緊急但不重要的任務分散注意力。例如，小華在準備重要考試時經常被突然的朋友聚會邀請打擾。解決這個問題的關鍵是學會說「不」，並將這些活動安排到考試後。

✓ 避免忽視第三象限的任務

重要但不緊急的任務往往被忽視。例如，小紅計劃在暑假學習編程，但總是推遲。她可以通過設定具體的學習時間表和目標來確保持續關注這個任務，例如每週至少完成一個編程練習。

✓ 處理第二象限的緊急任務

第二象限的任務雖緊急，但對長期目標貢獻不大。小怡經常收到一些緊急任務郵件。她可以設定特定的時間來處理這些郵件，而不是立即回覆，以保證更重要的學習任務的高效完成。

✓ 減少第四象限的活動

減少不緊急也不重要的活動對提高學習效率至關重要。小倫發現自己花費了過多時間在社交媒體上。他可以通過限制每天在這些平台上的時間來更好地管理這一部分，比如設定每天最多花 30 分鐘瀏覽社交媒體。

〇二 目標學習法

通過設定明確的學習目標，提高學習效率和成效。

原理 基於目標設定理論，明確的學習目標能夠激發內在動力，提高專注度和成就感。

應用場景 提升學習的目標感、成就感，適用於學術學習、職業技能提升和個人興趣發展等方面。

實操技巧 通過 SMART（具體的、可測量、可達成、有相關性、有時限）制定目標，分解學習任務，持續跟蹤進度，並適時調整。

如何在短時間內掌握一門語言？如何提升職場技能？解決這些問題的關鍵在於一種行之有效的學習方法——目標學習法。這種方法的核心在於**設定具體而明確的學習目標，使學習過程更為有序和高效。**

目標學習法並非源於單一的研究，而是結合了多個領域的理論，特別是心理學家埃德溫·洛克的目標設定理論。洛克在研究中發現具體且有挑戰性的目標能夠顯著提高個人的動力和績效。這一理論不僅在商業管理領域得到廣泛應用，也為個人學習提供了有效的參考。通過目標學習法，我們能夠實現更有針對性和效率的學習。它使我們能夠專注於具體目標，從而加深理解並提升知識應用能力。

目標驅動，進步可量化

目標學習法通過使學習目標具體化，幫助學習者清楚地認識到他們需要達成的具體學習成果。明確的目標不僅能增強學習動機，還能促進學習者的自我監控，使他們能夠有效地組織學習資源和時間。此外，具體的目標設定還有助於學習者及時獲得反饋，進而調整學習策略，以確保學習過程保持高效和目標導向。

SMART 原則為目標學習法提供了實用框架，以確保學習目標的可實現性和有效性。SMART 是一個首字母縮寫詞，代表具體的（Specific）、可測量（Measurable）、可達成（Achievable）、有相關性（Relevant）和有時限（Time-bound）。通過應用 SMART 原則，學習者可以設置更清晰、更有操作性的學習目標。

轉變學習策略，如何用目標學習法快速提升成績？

首先我們要明確自己的學習目標，這些目標要具體、可衡量，與個人發展相關。然後，我們需要制定一個實現這些目標的詳細計劃，包括學習內容、方法和時間安排。在實施過程中，我們需要不斷監控自己的進度，對照目標進行調整。這種方法的關鍵是要保持靈活性和自我反思能力，隨時根據學習效果調整計劃。

實例

李華是一名大學生，計劃在六個月內通過雅思考試，以滿足出國留學的語言要求。他決定採用目標學習法，並利用 SMART 來規劃和指導他的學習過程。

具體（Specific）

李華的具體目標是在六個月內通過雅思考試，達到總分 7.5，聽說讀寫各部分不低於 7 分。

可衡量（Measurable）

他通過模擬測試和每月的進度檢測來衡量自己的學習成果。每次模擬測試後，他都會記錄分數，並分析哪些部分需要更多的努力。

可達成（Achievable）

考慮到他目前的英語水平（雅思總分 6），李華決定每天投入至少 3 小時的英語學習，包括詞彙記憶、聽力練習、閱讀理解和寫作訓練。

相關性（Relevant）

李華的學習計劃與他的長期目標——出國留學——緊密相關。通過提高英語能力，他不僅能達到申請留學的語言要求，還能為未來的異國學習和生活做好準備。

時限性（Time-bound）

目標設定了明確的截止日期——六個月後的雅思考試。他為自己設定了階段性目標，如每個月提升具體技能到達某一水平，以確保學習進度符合計劃。

通過遵循 SMART 原則和有計劃的努力，李華在六個月後成功通過了雅思考試，總分達到了 7.5，實現了他的目標。效的時間利用，同時也能平衡學習和課餘生活的需求。

掌握學習方法的關鍵

▶ 明確具體的學習目標

確定具體可量化的學習目標，例如提升某一科目的成績或掌握特定的技能。

▶ 細分學習任務

將大目標拆分為更小、更具體的任務，如每天學習特定章節，完成一定數量的習題。

▶ 設定時間框架

為每個小任務設定明確的完成時間，例如一週內掌握一個數學章節，每天至少學習一個小時。

▶ 定期評估與調整

每週對學習進展進行評估，根據實際情況調整學習計劃和方法，確保持續進步。

溫馨提示

記得定期檢查自己的進展，並適時調整計劃，以保持學習的動力和高效。

✔ 避免過度「雄心壯志」

設置現實而可達到的目標至關重要。例如，一個剛開始練習跑步的人不應立即設定以跑完馬拉松全程為目標，而是先從每天跑步一千米開始。然後可以逐漸增加長度，適應運動強度，以避免挫敗感或有損健康。

✔ 分解大目標

將複雜的長期目標分解為小目標，有助於保持動力並追蹤進展。例如，學習一門新語言，可以將目標劃分為每天學習十個新單詞，每週閱讀一篇短文，每個月完成一次語言交流練習。這種分解方法使得目標更加具體，易於實施。

✔ 適時調整目標

如果發現目標過於困難，及時調整是明智的。例如，一個健身初學者設定每週去健身房四次，但發現自己難以堅持，他可以調整為每週三次，直到形成習慣後再逐漸增加次數。

✔ 保持動力和自我激勵

可以設定獎勵機制來激勵自己堅持目標。例如，一位志願者計劃每月至少參與一次社區服務，作為獎勵，每完成一次服務，他會安排一次心儀已久的休閒活動，如去看一場電影或欣賞音樂會。通過這種方式，不僅激勵了目標的實現，也帶來額外的樂趣。

第四章 強化記憶力

記憶力是我們學習和工作中的一項重要能力，本章將帶領你一同探索強化記憶力的有效途徑。通過運用這些科學方法，你將能夠提升記憶力，更好地掌握和回憶關鍵信息，從而為你的學習和職業發展提供有力支持。

〇二三

宮殿記憶法

構建心理空間強化記憶。

原理 在虛擬空間放置記憶圖像，幫助記憶。

應用場景 適用於需要記憶大量信息或者長序列信息的情況，如背誦長篇課文、記憶大量單詞等；也適用於需要記住順序的信息，如歷史事件的時間線、步驟順序等。

實操技巧 選擇熟悉場所作為宮殿，將信息轉為圖像放置其中，通過心理遊走觀察圖像回憶。

如果我們能將所有的知識像物品一樣，分類整理並收納在大腦的各個角落，隨時隨地提取所需……

這不是幻想，而是一種高效的記憶技巧——宮殿記憶法。

這種方法的起源可以追溯到古希臘，由詩人西蒙尼德斯在一次意外事件中得到啟發。他發現，通過在心理空間內設立一個虛構的「宮殿」，並在其中放置與待記信息相對應的圖像或符號，可以顯著提高記憶的效率和準確性。西蒙尼德斯的這一發現為他自己帶來了記憶上的突破，也為後來學習者提供了一個強大的記憶工具。它適用於需要記憶大量信息的場合。

信息記憶「空間化」

宮殿記憶法的核心就在於它利用了我們對空間的敏感性和對圖像的記憶優勢，**將抽象信息轉化為具體圖像，並放置在一個熟悉的空間中，這樣不僅能記得更持久，還能記得更準確。**

簡單來説，就是先選定一個你非常熟悉的空間作為你的記憶宮殿，比如你的家或者常去的圖書館。接下來，把要記憶的信息轉化成具體的、易於記憶的圖像，然後在心中沿着一條特定的路線，把這些圖像放置在宮殿的不同位置。當你需要回憶這些信息時，沿着路線走一遍，你會發現那些信息在那裏等着你來取一樣。

 宮殿記憶法如何把知識精準「打包」？

宮殿記憶法通過將信息與特定的空間位置聯繫起來，實現了知識的精準「打包」。將抽象的知識點轉化為具體的視覺圖像，並在構建的宮殿內的特定位置放置這些圖像。我們回憶信息時，就像在心理宮殿中漫步，觀察每個位置上的圖像，從而有效地提取記憶。

實例

假設你需要準備一場演講，主題涉及三個要點：個人成長、團隊合作、創新思維。為了不使用演講稿而流暢地完成，你決定使用宮殿記憶法來幫助記憶這些要點及細節。

選擇宮殿

首先，選擇一個你熟悉的地方作為記憶宮殿，比如你的家。讓我們選定客廳、廚房和書房分別代表演講的三個主要部分。

製作圖像

個人成長：在客廳，想像一棵正在快速生長的植物，它代表個人成長。植物旁邊是一本打開的書和一盞明亮的燈，象徵知識和啟示。

團隊合作：走進廚房，想像一個團隊正在烹飪大餐，代表團隊合作。每個人負責不同的菜餚，但他們需要協調合作以確保飯菜美味。

創新思維：最後，在書房，設想一個充滿各式各樣的發明創造模型的工作台，象徵創新思維。

鏈接記憶

在心中沿着一個固定的路徑從客廳走向廚房，再到書房，一邊走一邊在每個房間裏觀察和感受那些與演講要點相聯繫的圖像。

複習和提取

在演講前，閉上眼睛沿着同樣的路徑在你的記憶宮殿中走一遍，觀察每個房間的場景。這將幫助你回憶起演講的每個要點及細節。

通過這個過程，你不僅能夠記住演講的主要內容，還能以一種流暢和自然的方式呈現，而毋須依賴任何筆記或提示。宮殿記憶法不僅適用於演講，還可以應用於學習複雜信息的場景，使學習變得更加高效和有趣。

掌握學習方法的關鍵

選擇記憶宮殿

選擇一個熟悉且喜歡的地點作為記憶宮殿，比如家、學校或公園。

將信息轉化為圖像

將待記憶的信息轉化為生動、易於記憶的圖像。可以根據信息的特點創造具體的、有趣的圖像。

在宮殿中放置圖像

在記憶宮殿中的不同位置放置這些圖像，並解釋為甚麼選擇這個位置。

實踐回憶和複習：

定期在心理空間中走訪記憶宮殿，回憶每個位置的圖像及其代表的信息，逐步提高記憶的準確性和回憶速度。

溫馨提示

發揮想像力，創造生動的圖像，這是構建有效記憶宮殿的核心所在。

✓ 讓圖像更生動

要避免創建的圖像不夠鮮明，影響記憶。例如，當小明試圖記憶「細胞分裂」這一知識點時，僅想像一個普通的細胞圖像可能不夠具體。可以將細胞分裂想像成一個生動的場景，比如細胞像爆谷一樣跳動和分裂，增強記憶印象。

✓ 簡化記憶宮殿

過於複雜的記憶宮殿可能令人困惑。想像一個包含多個房間和走廊的大型宮殿時，可能會「迷失」。轉而選擇一個簡單的宮殿，如家裏或一個熟悉的教室，記憶過程會更好實現。

✓ 加強宮殿與信息的關聯

要注重加強宮殿中特定位置與信息的關聯。小麗在創建「水循環」知識宮殿時，將不同的水循環階段放置在宮殿中與水相關的地方，如將蒸發階段放在廚房的水壺旁，加深信息間的聯繫。

✓ 定期複習加強記憶

定期複習是鞏固記憶的關鍵。比如，小傑在學習古代文明時，除了每週末的宮殿「走訪」，還可以與朋友進行互動式複習，比如進行問答遊戲或者製作相關的知識卡片。這種互動加深了他對每個文明特徵的記憶，還提高了學習的趣味性。此外，對於難以記住或容易混淆的信息，可以定期調整和更新宮殿中的圖像，以保持記憶的新鮮感和效果。

〇一三

視覺記憶法

利用視覺元素加強理解和記憶。

原理 基於大腦對視覺信息處理的優勢，利用圖形、圖像和色彩的呈現方式，增強理解和記憶。

應用場景 適用於對視覺信息敏感的學習者，如兒童、藝術家等。同時，適用於需要記憶圖形、圖像等視覺信息的情況，如學習地理知識、理解科學概念等。

實操技巧 通過圖表、思維導圖、彩色筆記和圖像等視覺化技巧來整理學習資料，記憶學習內容。

用眼睛捕捉知識，用心靈體驗學習！學習不再是枯燥的文字閱讀，而是一幅幅充滿色彩和創意的畫面！視覺記憶法正是讓這種想像成為現實的方法。它通過將抽象的信息轉化為視覺圖像，使學習過程更加直觀和有趣。

視覺記憶法源於對人類大腦對視覺信息進行處理的研究。心理學家兼教育專家艾德加·戴爾指出：人們更容易記住他們看到的內容，而不是僅僅聽到或讀到的內容。這種方法強調視覺元素可以用來增強學習和記憶。

視覺化信息

通過將學習內容轉化為視覺圖像，如圖表、圖形和色彩，學習者能夠更直觀地理解和記憶信息。例如，用彩色的思維導圖來整理歷史事件或科學過程，不僅使信息更易於理解，還幫助大腦以更高效的方式進行信息編碼和檢索。此外，視覺記憶法也促進創造性思維，激發學習者的想像力和創新能力。

視覺記憶法如何將複雜概念轉化為易懂圖像？

學習者可以使用彩色的思維導圖來整理歷史事件，將關鍵日期、人物和事件用不同顏色或符號表示，學習者能夠更清晰地理解概念之間的關係。視覺記憶法不僅限於靜態圖像，也可以包括動態的視覺呈現，如視頻，可以進一步增強學習體驗。

實例

智聲是一名高中生，面對生物學的複雜概念和大量信息，決定運用視覺記憶法來提高他的理解和記憶效率。

細胞結構的視覺化記憶

在學習細胞結構時，智聲畫出了細胞的詳細圖示。他為每個細胞器添加了簡短的描述標籤，並使用顏色標註重點名稱，用線來連接。

【植物細胞】

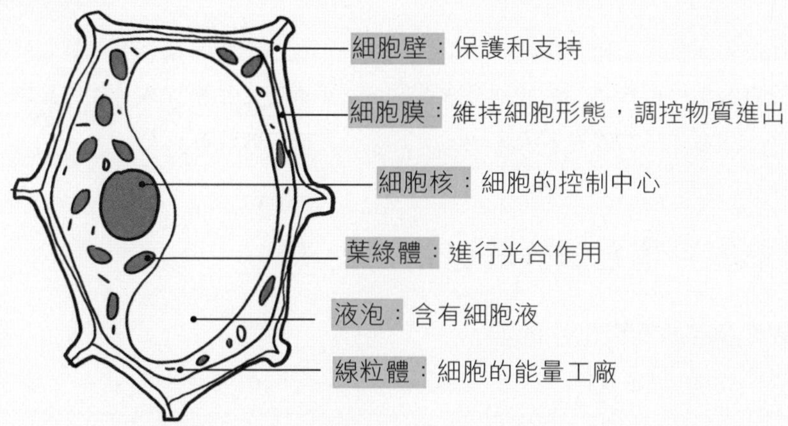

為了進一步加強理解，智聲還觀看了有關細胞結構和功能的視頻課程，並參與了直播課程學習。這些資源更加動態和直觀，幫助他從不同角度理解了複雜的生物學概念。

遺傳學的圖表表達

在遺傳學的學習中，用圖表來表示代際遺傳過程，以及基因的表現型。這種方式直觀表現了基因的遺傳。

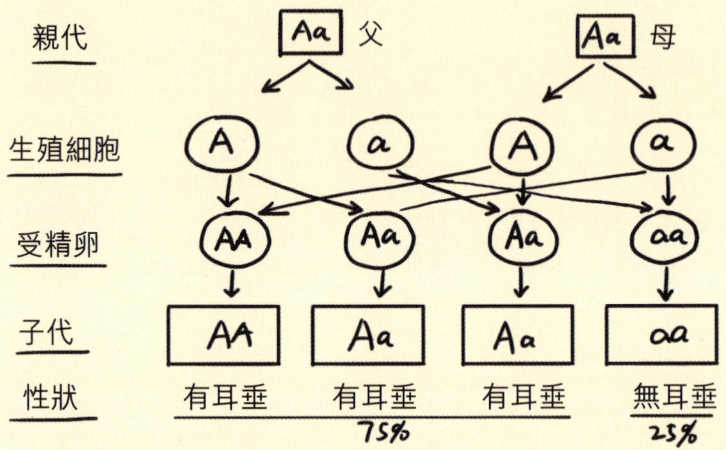

通過將傳統的筆記轉化為彩色的視覺材料，利用圖表、模型等，智聲能夠更直觀地理解複雜的生物學概念並記住。這種方法不僅提高了他的記憶效率，也增強了他的學習興趣，使學習變得更加生動有趣。

掌握學習方法的關鍵

確認適用於視覺化的內容

選擇評估你的學習資料，找出可以轉化為視覺形式的內容。

創建視覺學習工具

根據所選內容製作適當的視覺工具。

積極應用視覺工具

在學習過程中，積極使用這些視覺工具。

溫馨提示

不要擔心你的藝術技巧難以實現視覺表達。視覺工具的目的是幫助你更好地理解和記憶信息，而不是創作藝術品。

✓ 處理信息過載

面對大量的學習材料時，如何有條理地將其視覺化是一個挑戰。例如，小明在學習人體解剖學時，面對複雜的人體系統和結構，他決定使用分層的思維導圖，每層專注於單一系統的梳理。這樣的分層方法幫助他避免了信息過載，可有條理地、有針對性地深入學習。

✓ 選擇合適的視覺工具

不同的學習內容可能需要不同的視覺化工具。小華在準備地理考試時，發現地圖和時間線是理解地理位置和歷史事件的有效工具。她為地圖上每個重要地點創建了標記，並用時間線串聯事件，使知識變得更加直觀、易於理解。

✓ 維持視覺材料的更新和相關性

注意定期更新視覺學習材料以保持其相關性和有效性。持續的更新確保了視覺材料始終與當前的學習進度保持一致。

✓ 避免過度依賴視覺材料

可以將視覺記憶法與其他學習方法相結合。小傑在學習物理時，雖然通過圖表來理解概念，但他也意識到了實踐這些概念的重要性。因此，他結合實際的實驗操作，來深化對圖表中概念的理解。

〇一四

壓縮記憶法

將知識壓縮打包，減輕記憶負擔。

原理 將複雜信息轉化為簡潔、易記的形式，通過縮寫、符號或圖表，將信息核心要素表達。

應用場景 適用於需要快速掌握大量信息，如備考的情況。也適用於知識點繁雜、信息量大的學習內容，如政治、歷史、經濟等學科知識。

實操技巧 採用縮寫、符號或圖表等方式整合關鍵信息，壓縮信息量，高效完成記憶。

你是否曾被海量的學習資料壓得喘不過氣來？壓縮記憶法或許是你的解藥。這種方法就像是信息過濾器，幫助你從繁雜的信息中提煉出精華，讓學習變得更加高效。

壓縮記憶法的概念可以追溯到古希臘時期。記憶大師如西蒙尼德斯和其他修辭學家就曾使用類似的技巧來記憶長篇演講。通過壓縮記憶法，學習者能夠將複雜的概念和大量信息轉化為易於理解和記憶的形式。

提煉記憶

壓縮記憶法的核心在於**使用簡短的記號來代替較多的信息，從而使內容更加緊湊和易於記憶**。這種方法要求學習者在學習時，將重要的信息點用自己能迅速理解和回憶的縮寫、符號或圖表記下來。比如，使用「&」代替「和」，或者畫一個小符號來代表一個複雜的概念。

應用過程中，學習者首先需要制定一套自己容易記憶的縮記系統，然後在學習過程中實時將信息轉化為縮記形式記錄下來。這樣不僅能提高記筆記的速度，還能在複習時迅速通過縮記喚起對應的學習內容。壓縮記憶法特別適合於需要處理大量信息和概念的學習場景，如法律、生物學或歷史等領域，它幫助學習者高效整理和回顧知識點，從而提高學習效率。

如何讓複雜知識輕鬆「上頭」？

壓縮記憶法的核心在於將龐雜的信息簡化，創造簡短的符號、縮寫或圖表來代表複雜的概念。這種方法促進我們對信息深入理解，也幫助我們記憶信息，因為學習者在縮記時要深入思考，理解概念本質，才能有效實現。

實例

以醫學專業的學生小寧為例，他在學習解剖學時面對海量的術語和概念，將醫學術語縮短為縮寫和符號（如"CRS"代表「循環呼吸系統」），並用心形符號表示心臟，用"LNG"代表肺部等。他還創建了圖表，將這些縮記符號標記在圖表中相應位置，以形成知識網絡。

另一個例子是計算機科學專業的張偉，他用壓縮記法記憶編程語言的各種命令和庫函數。例如，他用"IFL"代表「輸入文件流」，用圖形化的箭頭和框架表示不同的程序流程。這幫助他快速記憶了命令，也加強了對程序邏輯的理解。

英語專業的小紅面臨着記憶一系列複雜的英語單詞挑戰。例如，單詞"antidisestablishmentarianism"對她來說是個巨大的難題。她將這個長單詞分解為"anti-dis-establish-ment-arian-ism"，並為每個部分創造一個聯想圖像。例如，"anti"部分她聯想成一個小孩做出「不」的手勢，"dis"聯想成一張不滿的臉，"establish"則是一座堅固的建築，"ment"是一位思考者的雕像，"arian"是一隻飛行中的鷹，"ism"則被聯想成一本書。通過這樣的圖像串聯，小紅能夠在心中清晰地「看到」這個單詞，從而迅速回憶起整個單詞。

符號和縮寫應具有個性化特點，與所學內容緊密相關。學習者應定期複習並更新這些符號，以保證它們在整個學習過程中的有效性。學習者使用壓縮記憶法不僅減輕了記憶負擔，還因其可視化和個性化的特點，增強了對複雜概念的理解。

掌握學習方法的關鍵

理解核心概念

首先要完全理解需要記憶的信息或概念。深入研究壓縮記憶法，確保對概念有全面的理解。

創造個性化縮記

根據理解的內容，創造個性化的縮寫。這些縮記應該簡單、易於記憶，並且能夠快速喚起你對原始信息的記憶。

建立關聯

將縮記與其代表的概念建立清晰的關聯。使用故事、圖像或其他技巧，使這些縮記與其所代表的內容緊密相連。

定期複習與應用

定期複習你的縮記，確保熟練掌握它們。在實際應用中不斷測試和完善它們，令學習過程更流暢。

溫馨提示

壓縮記憶法的關鍵在於個性化和創意。找到最適合你自己的方式來簡化或可視化複雜信息，讓學習過程更加高效和有趣。

壓縮記憶法實踐指南

✓ 注重縮記技巧的選擇

對於不同類型的學習材料，可嘗試不同的縮記技巧，比如圖表、符號或聯想。例如，小明在學習生物學時，發現通過構想與學習內容關聯的簡短故事，能夠更好地記住複雜的生物學術語。這種方法幫助他將抽象概念具體化，易於理解。

✓ 強化縮記與原信息的聯繫

創建縮記時，重點是它們與原始信息之間的清晰關聯，可以試着將縮記和相關的故事或情景聯繫起來。例如，小花在學習歷史時，將重要事件的縮記與具體的歷史故事結合，使得這些縮記更加生動且易於記憶。

✓ 簡化過於複雜的縮記

當縮記過於複雜時，應該進一步簡化，只保留最核心元素。例如，小慧在學習光合作用的知識時，第一次縮記：光合作用是植物、藻類、某些微生物，利用太陽光、二氧化碳、水，製造葡萄糖和氧氣的過程。第二次簡化：光合作用是植物將水和二氧化碳轉化為糖和氧氣。

✓ 克服壓縮記憶法的局限性

了解壓縮記憶法適用的信息類型，對於不適合的內容，嘗試使用其他記憶技巧。例如，小剛在學習外語的過程中，採用壓縮記憶法記憶常用詞彙和短語；而使用思維導圖法來整理和理解複雜的語法規則。這樣針對性使用不同方法讓他在學習上取得了更好的效果。

〇一五 間隔式重複學習法

定時重複學習，增強記憶和加深理解。

原理 基於遺忘曲線理論，通過間隔式複習來強化長期記憶。

應用場景 適用於需要長期記憶和深度學習的內容。

實操技巧 學習後於一定的時間間隔（如一天、一週、一個月後）內進行複習，加強對概念的理解和記憶。

有一種學習方法能有效對抗人類最大的學習障礙——遺忘，這就是間隔式重複學習法，一種簡單卻極其強大的技巧，讓知識在我們的大腦中留存更久。

這個方法的起源可以追溯到 19 世紀末，由心理學家艾賓浩斯提出。艾賓浩斯通過實驗，揭示了一個關鍵的現象：遺忘曲線。他發現，信息在被學習後不久會被迅速遺忘，但如果**在特定的時間間隔後重複學習，遺忘的速度會降低，記憶效果顯著提升。**

定時複習，鞏固記憶

我們的記憶系統可以大致分為短期記憶和長期記憶兩種。短期記憶容易受到新信息的衝擊而迅速遺忘；而長期記憶則能夠讓我們保留知識多年甚至一生。間隔式重複學習法正是基於這樣一個原理，通過巧妙地安排學習和複習的時間點，促進知識從短期記憶向長期記憶的轉移，從而實現深度學習和長久記憶。

這種學習法的關鍵在於「間隔」的設計。簡單來説，就是在初次學習後，隔一段時間再進行第一次複習，之後的複習間隔時間逐漸增加。重複間隔根據艾賓浩斯遺忘曲線和大腦記憶規律設計。艾賓浩斯遺忘曲線顯示，信息遺忘的速度最初非常快，然後逐漸減慢。

間隔式重複學習法如何對抗遺忘？

間隔式重複學習法通過利用大腦的記憶機制和艾賓浩斯遺忘曲線來有效對抗遺忘。此方法的核心在於通過逐步延長複習間隔，使得每次回憶都在記憶開始衰退之時發生，從而加深記憶的印象並轉化為長期記憶。

實例

小明是一位小學三年級學生，因為興趣，想在本學期內學習並記憶 50 首詩詞。為了幫助他更有效地記憶，他的父母決定採用間隔式重複學習法引導小明。

初次學習

小明每天專注學習和朗讀一首詩詞，理解詩中的字詞和意象。這一階段，他的父母幫助他解釋難懂的字詞，並討論詩的主題和情感。

週二

第一次複習

在學習每首新詩的第二天，小明回顧前一天學過的詩。他嘗試不看書本，自己複述詩的內容，同時進行朗讀練習。

下週一

加深記憶

一週後，小明複習這週學過的所有古詩，每天複習至少五首。複習方法包括朗讀和寫出每首詩的關鍵字詞，以此加深他對詩的記憶。

月底

長期記憶的維護

每月底，小明進行月度複習，這次他會從本月學過的所有古詩中隨機選擇 15 首進行深入複習。他的父母會引導他用自己的語言表達這些詩詞的主題思想，也可以用創造性的方式重現詩中內容，如畫畫或製作簡單的手工作品。

週期性複習

學期結束時，小明將對學期內學過的所有古詩進行全面複習。這次複習可以嘗試將這些詩詞與歷史背景聯繫起來，並與家長或同學討論，增強理解和記憶。

通過這種間隔式重複學習法，小明可以在學期內有效地學習和記憶 50 首詩詞，還能形成長期記憶，為後續相關內容的學習打好基礎。

掌握學習方法的關鍵

制定複習計劃

基於遺忘曲線理論，制定一個複習計劃。比如，學習新內容後，在隔天、一週後和一個月後安排複習。這個計劃應該根據學習進度和記憶能力靈活調整。

實施首次複習

在學習新內容的次日進行首次複習，這是鞏固短期記憶的關鍵時刻。這次複習可以是簡短的回顧或進行小測試。

執行後續複習

按照計劃進行後續的複習，每次複習都應重點關注之前學習的內容，同時適當增加新信息。逐步將信息從短期記憶轉移到長期記憶。

監控進度和調整策略

根據記憶效果調整複習策略，可以適當調整複習間隔或方法。

溫馨提示

合理安排複習時機是提高記憶效果的關鍵。

✓ 初始記憶的重要性

如果在首次學習時沒有形成良好的記憶基礎，後續的複習效果會大打折扣。確保在初次學習時充分理解和記憶信息。例如，小明在學習新的數學概念時，可以通過討論和實踐活動確保自己完全理解了概念。

✓ 複習方法的多樣性

單一的複習方法可能導致學習興趣下降，影響學習效果。可以採用多種複習方法保持興趣。例如，小華在複習歷史時，可以通過製作時間線、觀看相關視頻或參與角色扮演遊戲來增加學習的趣味性。

✓ 複習計劃的調整

固定的複習計劃可能不適合每個人，根據實際記憶效果調整複習計劃以適應自己的需要。如小麗在記憶英語單詞時遇到困難，就可以縮減兩次複習之間的時間間隔，增加複習頻率。

✓ 確定適合的複習強度

過高或過低的複習強度都可能影響學習效果。過高的複習強度容易導致疲勞，而複習強度不足則可能導致記憶效果不好。要根據自己的學習效果調整複習的密度和深度。例如，如果小芳在學習科學概念時感到輕鬆，可以適當增加複習的間隔時間；相反，如果她在某個概念上遇到困難，可以增加該部分的複習頻率，並採用更多樣的方法進行鞏固，如通過實驗或實踐應用來加深理解。

第五章：深化理解

深化理解是提升學習效果的關鍵，本章將分享如何更深入地理解知識。通過高效方法，你將學會如何加深對知識的理解和應用，提高學習成效，為你的學術和職業發展打下堅實基礎。

〇一六

費曼學習法

通過輸出，加深對知識的理解和記憶。

原理 通過輸出已學知識，促使深入理解並簡化難點。

應用場景 適用於任何需要深入理解和掌握知識的學習場景，特別是自我學習、複習鞏固的情況。

實操技巧 通過教授他人來加深自己對知識的理解和記憶。實操時可以嘗試用簡單語言解釋複雜概念，遇到難點再返回深入學習。

如果你發現了一種無數天才使用過的學習方法，該有多麼激動人心！這正是費曼學習法。

但這並不是一種神秘的技巧，而是一種源自一位真正的天才——李察・費曼的簡單而強大的學習方法。這位諾貝爾物理學獎得主，以其深入淺出的講解和輕鬆幽默的教學風格而著稱。費曼不僅在科學界留下了深刻的印記，他對教育的貢獻同樣令人欽佩。費曼學習法就是從他的教學實踐中提煉出來的精華。

「教」是最好的「學」

費曼堅信，**最好的理解方式是能夠簡明扼要地向他人解釋複雜概念。**當你試圖教授別人一個概念時，你不得不將它分解，找到最根本的元素，並用最簡單的語言表達出來。這個過程不僅幫助你查缺補漏，還可以加深理解和促進長期記憶。

通過這種方法，普通人可以透徹理解複雜的概念。它有助於加強記憶，深化理解和提升思維能力。它讓學習者從被動接受知識轉變為積極構建知識，可以培養創新思維和解決問題能力。

 費曼學習法如何把普通人變天才？

費曼學習法如何激發人的潛能？將複雜的概念分解成簡單的元素，並用清晰、簡潔的語言表達出來。費曼學習法正是基於這樣的思維模式，在應用費曼學習法的過程中，大腦便完成了一整個解碼 — 編碼 — 再解碼的過程。

實例

例如小傑，他剛開始學習分數的概念。

理解概念

 **解碼**

小傑首先學習了分數的基礎知識。這一階段是對信息的初步理解和解碼。

準備教授

 **編碼**

接着，小傑嘗試向他的朋友小晨解釋分數是甚麼。在準備「教學」過程中，小傑不得不思考如何用更簡單的語言和例子來講解分數。例如，他可能用一塊蛋糕被切成幾個相等部分的例子來解釋分數。這個過程是對原始信息的重新編碼，使其更加清晰和易於理解。

深化理解

再解碼

在向小晨解釋的過程中，小傑可能會遇到一些問題和挑戰，比如如何解釋分數的加減運算。他不得不回到課本中去尋找答案，並思考如何將這些複雜的概念簡化表述。當他再次向小晨解釋時，他已經更深入地理解了分數，這是對信息的再次解碼。

通過這個「解碼——編碼——再解碼」的過程，小傑不僅加深了對分數的理解，還提升了自己的語言表達能力。他現在能夠更加自信和清晰地處理數學問題。

你可以嘗試用自己的語言解釋學到的知識。無論是數學問題、科學原理還是歷史事件，「教」給他人聽。這種互動不僅加深了人與人之間的聯繫，也使學習變得更加生動有趣。

 掌握學習方法的關鍵

選定主題

選擇一個感興趣的主題，可以是在學校學習的新概念，或者是好奇的知識點。

深入學習

深入研究這個主題。可以使用書籍、網絡資源等幫助自己更全面地理解這個主題。

用自己的話解釋

嘗試用自己的語言向他人，例如家人、朋友，解釋這個主題。這個過程中，應該盡量簡化概念，使其易於理解。

反饋與改進

可以聽取他人在我們解說之後給出的反饋，這可以幫助我們改進解釋的準確性和清晰度。

溫馨提示

無論是自認為淺顯易懂的知識，還是複雜晦澀的定義，最重要的是多聽取他人的反饋，並從中總結加深理解。

費曼學習法實踐指南

✓ 引導探索性問題

注重激發好奇心和批判性思維，實施方法時，不僅是複述知識，而是深入理解和探索學習內容。例如，在學習關於太陽系的知識時，不要僅重複書本上的知識，可以進一步通過自我提問來加深理解，比如：「如果地球離太陽更遠會怎樣？」或「為甚麼其他行星上沒有生命？」這樣的問題可以促進我們深入思考，尋找答案，從而進一步探索。

✓ 變換角色

在教授他人的過程中，可以嘗試角色扮演，你扮演老師，讓朋友或家人扮演學生。這種角色互換有助於從不同角度理解知識，也能提升自信。例如，在學習分數的概念時，你可以扮演數學老師，讓朋友扮演學生。你需要用簡單語言和實際例子（如用切割的水果來解釋 1/2 加 1/3 等於多少）來教授這一概念，直到對方能夠完全理解和運用這一概念。

✓ 小組討論

如果可能，組織小組討論會，與朋友們共同探討學習內容。這種互動形式可以引導參與者從不同視角看待問題，幫助我們更全面地理解概念。例如，在探討生態系統的平衡時，你可以與朋友們組成一個小組，每個人選擇一個生態系統中的生物（如植物、動物、昆蟲等）進行討論。你們可以討論每種生物在生態系統中的角色以及如果某個物種消失，對整個系統會有甚麼影響。這樣的互動不僅促進了深入學習，還增強了表達能力。

〇一七

黃金三問法

提出關鍵問題，深化理解和記憶。

原理 提出「何為」、「為何」和「如何應用」三個關鍵問題，深入挖掘知識內涵。

應用場景 適用於探索新的學習領域時，理解問題，並逐一解決複雜問題。

實操技巧 在學習一個新概念後，先自問「這是甚麼」（何為），再探究「為甚麼會這樣」（為何），最後考慮「如何在實際中應用」（如何應用）。

如果普通的學習過程能夠轉化為一種激發智慧、培養創新思維的旅程，該有多麼激動人心！黃金三問法就有這樣一種魔力，它不僅提高了學習者對知識的吸收和運用能力，更重要的是，在探索和發現的過程中培養了學習者的深度思考和問題解決能力。

黃金三問法基於教育心理學和有效學習策略的普遍原則，強調在學習過程中主動提問，以深化理解和記憶。

探索、理解、應用的藝術

黃金三問法，是一種深入探究知識本質的學習策略。這一方法引導了三個關鍵認知：**「我在探索甚麼？」「我理解了嗎？」以及「我怎樣應用這個知識？」**學習者首先確定自己想要探索的知識或概念領域，激發對未知的好奇。隨後，通過閱讀、討論、反思等多種方式，深入理解這個領域的核心要素和原理，構建起對知識的全面認識。最後，學習者探索將新獲得的知識應用到實際情景的可能性，通過實踐操作、創造性思考或解決問題等活動，將理論轉化為實踐，完成從知識的探索和理解到應用的全過程。黃金三問法不僅促進了深度學習，還培養了批判性思維和創造性解決問題的能力，使學習者能夠在不斷的探索和實踐中成長。

黃金三問法如何激發智慧火花？

首先，通過回答「這是甚麼？」學習者嘗試用自己的語言定義和描述學習的對象，建立基礎概念。接着，用「為甚麼會這樣？」問題引導學習者探究背後的原因和邏輯，加深理解。最後，用「如何應用？」問題促使學習者思考知識在實際中的應用，提高應用能力。這個過程引導了學習者主動學習和批判性思考。

實例

小明最近在學習光合作用，他決定嘗試黃金三問法，來更深入地理解這個內容。

這是甚麼？

小明首先問自己：「光合作用是甚麼？」他畫出流程圖，明確了光合作用是植物利用陽光將水和二氧化碳轉化為葡萄糖和氧氣的過程。他用自己的話描述了整個過程，並在紙上畫出了相應的示意圖。

為甚麼會這樣？

接着，小明探究：「為甚麼植物要進行光合作用？」他通過查閱資料和與老師討論，了解到這是植物的一種能量獲取方式。他進一步學習了葉綠素吸收太陽光，將其能量轉化為化學能，推動水分子和二氧化碳在葉片中發生化學反應的過程。

如何應用？

最後，小明思考：「光合作用與現實生活的聯繫？」他發現光合作用不僅是植物生存的關鍵，也是地球上生態系統和人類生活的基礎。

通過詳細的探究，小明不僅清楚地理解了光合作用的基本概念，還深入了解了其科學原理和在自然界及人類生活中的重要作用。黃金三問法不僅幫助他解決了學習難題，還激發了他對生物學的興趣。

掌握學習方法的關鍵

理解三問

「這是甚麼？」「為甚麼會這樣？」「如何應用？」分別指了解概念、探索原因和實現應用。

選擇學習主題進行練習

選擇一個當前正在學習的主題，如某個科學現象、歷史事件或數學公式，作為練習黃金三問法的對象。

深入探究每個問題

「這是甚麼？」——描述和解釋學習主題的基本概念；「為甚麼會這樣？」——思考並解釋這個概念背後的原因或邏輯；「如何應用？」——討論這個概念在現實生活或其他領域的應用。。

溫馨提示

黃金三問法的精髓在於激發好奇心和探索精神，持續的引導學習者深入探索。

✓ 逐步引入和實踐

開始時不要操之過急，可以先理解每個問題的意義，並在日常學習中逐步實踐。例如，在學習一個新的科學概念時，可以從「這是甚麼？」的討論開始，然後逐漸過渡到「為甚麼會這樣？」和「如何應用？」的探討。

✓ 鼓勵深入探索而非表面回答

不滿足於表面答案，而是深入挖掘每個問題的本質。這可能需要學習者進行額外的研究和思考。比如，在學習關於地球的自轉時，不僅要知道地球是如何自轉，還要探究自轉的影響及其在自然界中的應用。

✓ 結合日常學習內容

在學習新課程或複習舊知識時，都可以應用黃金三問法。例如，當學習關於動物適應環境的課程時，可以引導自己思考：「動物適應環境是指甚麼？」（定義），「牠們為甚麼會適應環境？」（原因），「這種適應對動物的生存和進化有甚麼影響？」（應用）。

✓ 在現實生活中練習

現實案例更容易引發我們深入思考問題，比如，當討論如何節約電力時，可以適當運用黃金三問法：「節約電力的方法有哪些？」（定義），「為甚麼這些方法可以節約電力？」（原因），「在家庭中，我們如何具體實施這些節電措施？」（應用）。

〇一八

關鍵詞法

識別和利用關鍵詞，加深概念理解和知識框架梳理。

原理 聚焦於核心概念和術語，關鍵詞法幫助學習者更有效地組織和回憶信息。

應用場景 適用於需要記憶大量信息的情況，尤其適合考試複習，梳理學科知識框架時。

實操技巧 首先識別出學習資料中的關鍵詞，然後圍繞這些關鍵詞構建學習筆記，包括它們的定義、示例和它們之間的聯繫。

關鍵詞法的魅力在於，能夠幫助你在知識的海洋中捕捉到最閃亮的珍珠。關鍵詞法的核心思想並非由單一創始人提出，而是在教育和心理學領域經過多年的研究和實踐逐漸形成的。它基於一個核心原理：在任何學科中，都有一些關鍵的概念和術語，這些是理解該學科的基礎。通過深入學習這些關鍵詞，學習者可以更有效地建立起整個學科的知識框架。

提煉知識的藝術

關鍵詞法的魅力在於簡潔性和效率，學習者可以不在無關緊要的細節上浪費時間，而是直接聚焦於最重要的信息。這種方法不僅適用於學術學習，也非常適合於職業發展和個人興趣的深化。它是每個追求高效學習者的秘密武器。

關鍵詞法如何幫你找到知識海洋裏最亮的珍珠

關鍵詞法將複雜的信息簡化為核心元素，幫助學習者快速定位和理解最重要的內容。 關鍵詞不僅是學習者記憶的錨點，還能促進學習者對材料的深度理解。

通過關聯和分析關鍵詞，學習者能夠構建出一個清晰的知識網絡，將孤立的信息點連接成有意義的整體。

實例

小華正準備參加生物學考試，面對繁多的學習資料，他決定運用關鍵詞法來高效複習。

閱讀並標記關鍵詞

小華首先快速閱讀教科書和筆記，用高亮筆標出每個章節中的關鍵概念，例如「光合作用」、「細胞分裂」、「基因表達」等。

創建關鍵詞清單

小華將所有標記的關鍵概念整理成一個清單。在每個關鍵詞旁邊簡要注明其重要性和所在章節，以便快速定位。

關鍵詞關聯圖

小華圍繞每個關鍵詞連接出與之相關的子概念，也盡力在各關鍵詞中找尋關係，如將「光合作用」與「氧氣釋放」、「能量轉換」等相關概念連接起來，構建出整體的知識框架。

深入研究和應用

對每個關鍵詞進行深入研究，通過教科書、筆記或其他資料來完善每個關鍵詞的詳細解釋和應用實例。嘗試用自己的話重新解釋關鍵詞和關鍵詞之間的聯繫，加深理解。

定期複習和自測

定期複習關鍵詞和相關的知識網絡。可以通過自我測試，如閉卷寫出每個關鍵詞的定義和其在生物過程中的作用等，進一步深化記憶。

通過這種方法，小華不僅有效地複習了生物學的關鍵概念，還能夠將這些概念應用到具體情景中。關鍵詞法幫助他在繁多的學習內容中找到了最重要的知識點，有效地提升了他的學習效率和理解深度。

掌握學習方法的關鍵

▶ 識別關鍵詞

在學習時，注意找到核心概念，這些即是關鍵詞，是理解學習主題的基石。例如，在學習歷史時，重要的歷史事件和人物是關鍵詞。

▶ 探究和理解

對每個關鍵詞進行深入探究，了解其定義、背景等。例如，在學習科學概念時，不僅記下定義，還要理解其科學原理和實際應用。

▶ 建立聯繫

分析關鍵詞之間的關係。在學習過程中，試着將新學的概念與已知知識連接起來，形成一個更加完整的知識網絡。

▶ 複習和應用

定期複習關鍵詞，同時嘗試將它們應用於不同的例子或實際情景中。這種應用可以加深理解，並幫助長期記憶。

溫馨提示

重點不在於記住盡可能多的詞彙，而是在於深入理解這些關鍵詞背後的概念。

關鍵詞法實踐指南

✓ 精準識別關鍵詞

當你閱讀科學文章、歷史文獻或任何學習材料時，注意留意重要的詞彙和概念。比如，在學習一篇關於環境科學的文章時，重點詞彙有「可持續發展」和「生態平衡」。使用彩色筆或便箋紙突出這些詞彙。這不僅能幫助你在閱讀時集中注意力，還能在複習時快速找到重點。

✓ 深入探索每個關鍵詞

每個關鍵詞背後都有豐富的知識內容。深入研究關鍵詞，就像是探索一個個知識宇宙。可以利用網絡資源、圖書館或專業期刊，了解關鍵詞的詳細含義、背景知識和實際應用等。例如，對於「可持續發展」，可以研究其在不同國家的應用案例，理解這一概念在全球範圍內的實踐。

✓ 建立關鍵詞之間的聯繫

製作思維導圖是一個很好的方法，它可以幫助你可視化地展示不同概念之間的聯繫。例如，將「可持續發展」與「經濟增長」、「環境保護」等其他概念聯繫起來；並理解這些概念是如何共同作用於現實世界的。

✓ 定期複習與應用

學習不僅僅是積累，更是應用。定期複習關鍵詞，嘗試在不同的上下文中應用它們。無論是寫作、參與討論，還是教授他人，都是加深理解和記憶的有效方式。這樣的實踐可以幫助學習者更好地掌握這些概念，並能在需要時靈活運用。

〇一九

命名思考法

給抽象概念命名，建立與知識的聯繫。

原理 為抽象概念賦予具體、易懂的名稱，建立直觀的認知關聯，促進深入理解和長期記憶。

應用場景 適用於需要定義概念、挖掘事物本質的場景。在工作、學習、生活中需要提煉、總結和概括的場合也可應用。

實操技巧 面對難懂的抽象概念，給它們起一個具體、形象的名字，以便更好地理解和記憶。

命名思考法是一種幫助我們簡化複雜理論和概念的學習方法，通過為抽象的概念賦予易於理解的名稱來更好地記憶和理解。這種方法源於對人類記憶和認知過程的研究，學者發現將複雜信息與熟悉的、具體的名稱聯繫起來，可以顯著提高信息的可理解性和記憶效果。

應用命名思考法，學習者可以將難以把握的抽象理論變得更加具體和直觀。這種方法特別適用於處理那些需要高度抽象思維的學科，如數學、物理學和哲學等。

把抽象變具象

命名思考法的核心基於一個心理學原理，即**通過形象語言將抽象概念具體化，可以加強大腦對信息的理解和記憶。**當我們給一個複雜的理論或難以直觀理解的概念賦予一個具體名稱時，這個過程實質上是在創建一種心理標籤，標籤在我們的認知結構中起到「錨定」作用，使得相關信息更加易於存取。

具體來說，當抽象的信息被命名後，它就與我們的語言系統相連接，從而與大腦中已經存在的語言和概念網絡建立連接。這種連接不僅加速了我們對新信息的學習過程，還促進了對信息的長期記憶。此外，命名還可以增加對信息的處理深度，因為在為概念命名的過程中，學習者必須深入思考該概念的本質和它與已知知識之間的關係。

 命名思考法如何讓複雜理論變得生動？

命名思考法的應用邏輯在於將抽象概念轉化為具體、形象的命名，通過這種方式，學習者更容易在大腦中構建起與知識相關的圖像和聯想，使難以理解的理論變得易於理解和記憶。

實例

張明是一名中學生。通過命名思考法，他能夠有效地掌握生物學概念。

當學習細胞分裂過程時，他為細胞分裂的不同階段取了更直觀、易記的名稱，如將「有絲分裂」的各階段稱為「準備階段」、「分裂階段」和「完成階段」。

在學習免疫系統時，張明將複雜的免疫反應過程通過命名法轉化為一個簡單的「戰爭故事」，其中白細胞是「士兵」，病毒是「入侵者」，而抗體則是「武器」。這種方法幫助他加深了對整個免疫系統工作的理解。

此外，張明還將這種命名思考法應用到實驗中。在進行實驗時，他會給實驗的每個步驟起一個形象的名字，例如將提取 DNA 的過程命名為「尋找生命的密碼」。這不僅使實驗過程更加有趣，還幫助他更好地記住實驗步驟和原理。

可以結合個人的興趣愛好、生活經驗或者是對該概念的第一印象來命名。例如，如果一個概念讓你想到某部電影、一種顏色或某個歷史事件，就可以使用其中的元素來命名。這樣的個性化命名不僅使學習過程更有趣，而且有助於深化對知識的理解和記憶。

掌握學習方法的關鍵

深入理解概念

在嘗試命名之前，徹底理解目標概念的核心屬性和功能是必要的。這需要對概念進行詳細研究，確保理解其所有重要方面。

創造性思維

使用創造性和描述性強的語言來命名。好的命名應該能夠捕捉概念的本質並引起共鳴，同時也要簡潔易記。

建立連接

命名時盡量利用已知的概念或熟悉的詞彙，這樣可以利用大腦現有的認知結構，建立新舊知識之間的橋樑，加強記憶。

應用和複習

在實際的學習和討論中頻繁使用這些名稱，通過實際應用來測試和鞏固這些命名的有效性和記憶效果。

溫馨提示

勇於嘗試，不必拘泥於常規。個性化的命名和理解，讓學習變得更加有趣和有效。

命名思考法實踐指南

✓ 解決命名難題

在使用命名思考法時，如果難以為某些概念找到合適的命名，嘗試從概念的本質、用途或歷史背景中尋找靈感，或與同學、老師交流想法。例如，在學習複雜的生物學術語時，如果難以直接命名，可以將其與熟悉的事物相比較，例如將「線粒體」比作「細胞的能量工廠」。

✓ 區分相似概念

在使用命名思考法區分相似概念時，關鍵是深入分析每個概念的獨特屬性和核心差異點，並將這些特徵反映在命名中。首先，仔細研究每個概念的定義和應用，識別出它們的共同點和不同點。然後，挑選出能夠準確描述這些差異的詞彙，用於命名。

✓ 加強命名記憶

面對大量命名的遺忘或混亂問題，定期複習和使用這些命名。在日常學習和討論中積極應用這些命名，例如，在學習歷史事件時，製作一套關於不同歷史時期和事件的命名卡片，定期複習這些卡片，以加強記憶。

✓ 提升命名創新性

如果命名過於平凡或缺乏創造性，建議思考和創造更具有創新性和深度的命名。可以嘗試從藝術、文學或個人經驗中尋找靈感。例如，在學習物理中的力學時，將定律命名為與它們效果相似的自然現象、歷史事件或生活中見到的事物，例如將牛頓第一定律命名為「宇宙的慣性舞步」。

010

檢索式學習法

通過脱稿複述與檢索複習的循環，加深理解和記憶。

原理 複述與回憶可以促進深度理解和記憶鞏固。

應用場景 在考試複習、知識鞏固和深入學習中有重要作用。

實操技巧 不斷地自我測試和回顧，強化記憶和理解。不斷評估自己對知識的掌握情況。

在這個信息爆炸的時代，對海量知識的學習和吸收，傳統的死記硬背已經難以為繼。想像一下，如果我們能像使用搜索引擎一樣學習，那將會如何呢？這不是空想，而是一種被稱為「檢索式學習法」的高效學習策略。

這種方法的起源可追溯到美國加州大學洛杉磯分校的心理學家羅伯特·克拉瑪的洞察。他注意到，主動從記憶深處檢索信息的過程，遠比簡單地複習或重讀信息更能增強理解和記憶。 羅伯特·克拉瑪發現，這種主動檢索的行為，就像給大腦做重量訓練，每次提取都使記憶更加牢固。

從被動吸收到主動提取

羅伯特·克拉瑪的研究揭示了學習過程中的一個關鍵：從被動吸收知識到主動提取和重構知識。這不僅能使記憶強化，更是將知識深度理解和內化的過程。我們不只要記住事實，更要能夠用自己的話重新表述和解釋知識，從而形成自己的理解和思維框架。

學習過程中，我們首先通過閱讀或聽課來獲得知識，這是傳統學習的常規步驟，但檢索式學習法在此基礎上更進一步。**在獲得知識後，我們不是立即往後繼續**

獲取，而是合上書本或關閉視頻，嘗試自己回憶和重述剛剛學到的內容。這個過程就像是對自己的小測試，通過這種方式，我們強迫大腦去「檢索」那些剛剛接觸的知識點，加深理解和記憶。

採用檢索式學習法，學習者能顯著提高記憶的持久性和深度理解能力。通過主動從記憶中提取信息，加強了對知識的記憶，使學習變得更為高效。同時，它促進了學習者深入思考，幫助他們在記住知識的同時理解並重構知識，從而提高整體的學習質量。

實例

李明的歷史學習經歷是檢索式學習法應用的一個典型示例。在這個過程中，我們可以看到檢索式學習法的每個關鍵步驟是如何幫助他提高學習效率的。

初步閱讀與自我測試

在學習了關於第一次世界大戰的章節後，李明沒有立即再次閱讀教材，而是先合上書本，盡量回憶該章節的關鍵內容，如重要日期、事件和歷史人物。這種自我測試是檢索式學習法的核心，它迫使李明主動從記憶中提取信息，而不是被動地重複閱讀。

間隔複習的應用

在接下來的幾天裏，李明通過間隔複習的策略來鞏固記憶。每次複習之前，他都會先嘗試回憶，然後再去對照教材看是否記得準確，這樣做不僅加強了記憶，還幫助他發現之前未能注意到的細節。

小組討論，深入理解

在學習小組中，李明與同學們共同學習歷史事件，通過互相提問和討論，他們能夠更深入地理解歷史事件的背景和相互關聯。這種互動學習不僅激發了李明的批判性思考，也是檢索式學習法鼓勵的深層次理解和應用。

在歷史考試中，李明能夠快速而準確地回答問題，展示了他對知識的深刻理解。

掌握學習方法的關鍵

設定學習目標

確定具體的學習目標，比如掌握一個新的數學概念或歷史事件。這樣的目標設定有助於明確學習的方向和重點。

引導自我測試

在學習新知識後，不立即重看資料，而是嘗試自己回憶和總結所學內容。可以請求他人幫助提出問題，進行自我測試。

建立間隔複習計劃

制定一個複習計劃，確認幾天後和一週後的複習時間。通過間隔複習鞏固記憶，避免遺忘。

參與互動討論

進行互動討論，探討學習內容中的觀點和細節。這不僅可以增加學習的趣味性，還有助於深化對知識的理解。

溫馨提示

堅持主動回憶和檢索，是加深理解和強化記憶的關鍵。

檢索式學習法實踐指南

✓ 間隔重複

利用檢索式學習法對抗遺忘。例如，如果孩子正在學習生物學的概念，可以在學習後的一天、三天和一週進行複習，每次複習都嘗試先回憶再查看資料。小華在學習細胞結構時，第一天結束後能回憶大部分信息，但三天後只記得一半。通過檢索式學習法強化，她發現自己在一週後仍能準確回憶細胞的各個部分。

✓ 多方式嘗試

遇到困難時不要輕易放棄，嘗試從不同角度思考問題，或與他人討論。小傑在回憶歷史年代時遇到困難。他的父母引導他通過構建時間線和編創簡單的故事來加深記憶，這幫助他更好地回憶和理解。

✓ 趣味性嘗試

變換複習方式，如製作知識卡、安排小測驗或參與角色扮演遊戲。小麗為了複習英語單詞，與同學一起製作了一套單詞卡。通過這種方式，她不僅增加了學習的趣味性，還加深了對單詞的記憶。

✓ 適當留白

在自我測試中設定開放性問題，盡量用自己的話解釋概念。小強在學習物理定律時，不僅記憶公式，還嘗試用自己的話解釋其背後的原理。這種方式幫助他加深理解。

二〇

故事聯想法

將學習內容融合於吸引人的故事中，提升理解和記憶。

原理 人類對故事會產生情感共鳴。通過講故事的方式激發學習者的興趣，加深對信息的理解和記憶。

應用場景 想讓學習過程變得有趣嗎？可以嘗試這個方法。

實操技巧 將枯燥的知識點轉化為含有鮮明角色、有趣情節和豐富情感的故事，使學習內容變得生動且易於理解。

把學習變成一次與故事角色一起的奇妙旅行，每個知識點都化身於故事。這正是故事聯想法的魔力所在，它讓學習成為一場精彩紛呈的敘事之旅。

故事聯想法源於人類古老的敘事傳統，故事對於人類記憶和學習具有強大的促進作用。將信息編織進故事中，可以讓學習者更加深刻地理解內容，並在情感上與知識建立連接。

知識與故事完美結合

故事聯想法的核心在於**通過構建和分享故事來促進對知識的理解和記憶**。這種方法利用了人類天生喜愛故事和更容易通過故事記憶複雜信息的特性，將學習內容編織進引人入勝的敘事之中，從而提高學習的興趣和效率。在應用這個學習法時，首先需要將學習材料分解成能夠構建成故事的元素，然後創造性地連接這些元素，形成一個有邏輯的、情節連貫的故事。這個故事可以是虛構的，但應緊密圍繞學習內容展開，通過人物、情節和情感的力量，讓抽象的概念或複雜的信息變得生動、易於理解和記憶。最後，通過講述或寫下這個故事，進一步加深對知識的掌握，也能通過分享故事的方式，促進交流和討論，進一步鞏固和拓展學習成果。這種方法特別適合於加強記憶、提升理解力和激發創造性思維。

 如何用故事重新定義學習

通過故事聯想法，學習不再是單純的信息攝取，而變成了一場情感豐富的知識探索旅程。在這個過程中，複雜的概念被賦予生命，枯燥的數據轉化為生動的故事情節，學習者不僅能夠更深入地理解知識點，還能在情感上與所學內容建立深刻的聯繫。這種方法使學習變得更加有趣和有效，尤其是在增強長期記憶和提高學習興趣方面具有顯著優勢。

實例

王明以一個虛構的英國小鎮作為背景，這個小鎮的居民經歷了工業革命帶來的變化。

故事背景的設定

王明虛構了一個 18 世紀末到 19 世紀初的英國小鎮，詳細描繪了小鎮的文化背景和社會結構。他通過這個小鎮的變遷，展示了工業革命如何影響了人們的生活方式、工作條件和社會經濟結構等。

角色的深度構建

王明創造了幾個核心角色，包括一位機智的發明家、一位辛勤的工廠工人、一位有遠見的企業家，以及一位關注社會的改革者。通過這些角色的視角，王明呈現了工業革命期間的技術創新，勞工權益的鬥爭，以及社會階級變化等現象。

故事情節與歷史事實的融合

在故事進展中，王明巧妙地將蒸汽機的發明、紡織工業的發展、鐵路運輸的興起等關鍵歷史事件編織進情節。他描述了這些技術和社會進步如何徹底改變了小鎮的面貌，以及居民的生活和工作方式。

情感與教育的結合

王明不僅重現了歷史事實，還關注故事的情感層面。通過角色之間的互動、衝突、和解，以及他們對變化的適應和抗爭，王明探討了工業革命對個人命運和社會進程的深遠影響，使得這段歷史學習不僅充滿了情感共鳴，也充滿了深刻的思考。

王明通過構建生動的故事背景、富有深度的角色和情感豐富的情節，將學習工業革命的歷史轉化為一次引人入勝的心靈旅程，增加了學習的趣味性和深度。

掌握學習方法的關鍵

選擇合適的主題

確保故事主題足夠吸引人，能夠激發你的創造力。例如，在學習歷史時，選擇一個具體的歷史事件或時期作為故事背景。

構建故事框架

包括起始背景、主要角色、主要事件和故事高潮。這個框架應該囊括主要的知識點。

融入學習內容

確保每個知識點都以故事中的事件、對話或角色行為的形式出現，以增強記憶和理解。

複述和分享故事

將故事複述給他人，或者將其寫下來。這個過程不僅能幫助學習者鞏固學習內容，還能通過反饋和討論進一步加深對知識的理解。

溫馨提示

把握故事與學習內容之間的平衡。確保故事既富有吸引力又能準確地傳達學習內容。

故事聯想法實踐指南

✓ 將學習內容轉化為個人故事

作為學習者，你可以通過將學習內容轉化為個人化的故事來加深理解和記憶。例如，若你正在學習關於細胞的知識，試着想像自己是一個探險家，在細胞的微觀世界中旅行，探索不同的細胞器和它們的功能。

✓ 尋找或創作與學習內容相關的故事

在學習新概念時，嘗試尋找已有的故事，如歷史故事、科學故事，或者自己創作一個故事來幫助理解。這樣的故事應該能夠反映出學習內容的核心概念和細節。

✓ 在故事中尋找學習元素的聯繫

使用故事聯想法時，關注故事中不同元素之間的聯繫。例如，如果故事中有一個角色代表特定的科學原理，思考這個角色與故事中其他角色或事件的關係，這可以幫助你更深入地理解概念之間的關係。

✓ 使用故事來複習和鞏固知識

在複習學習內容時，回想或重述與該內容相關的故事。這種方式不僅可以幫助鞏固記憶，還能使複習過程更加有趣和生動。記住，故事可以是學習和理解世界的強大工具。

第六章

將「爆炸」的信息梳理清晰

在信息爆炸的時代，如何梳理海量信息成為我們面臨的挑戰。本章介紹的實用工具，幫助你清晰地組織和呈現複雜信息，從而提升工作效率和學習效果。

03 思維導圖法

通過圖形化工具組織和呈現思維框架，幫助更高效地理解和記憶複雜信息。

原理 基於大腦信息處理特點，通過視覺元素和非線性結構更高效地組織和表達思維。

應用場景 適用於概念整合、信息分類、創意思考，以及任何需要將複雜信息體系化的學習場景。

實操技巧 從一個中心點開始，圍繞主題添加關鍵字、圖片等信息，創建出多層次、信息相關聯的圖像。

如果你的思維像宇宙一樣無限擴展，每一個想法都像星辰一般發光，那麼學習將變得多麼迷人！這正是思維導圖法帶給我們的魔力。它不僅是一種學習工具，更是一種思維藝術，讓複雜的信息清晰呈現，輕鬆打造你的思維宇宙！

思維導圖由英國心理學家托尼・博贊在 20 世紀 70 年代提出。他認為傳統的線性筆記限制了人們的創造力和記憶力，而思維導圖則可以通過模擬大腦的放射狀思維方式，激發人們的創意和潛能。

非線性思維展開

思維導圖鼓勵我們從一個中心主題出發，通過分支結構去探索、連接、展開思維和概念。通過這種方式，我們可以自然地**模擬大腦的工作方式，將信息以網絡形式組織，而不是單一的線性列表。**

這種方法特別適合於整合大量信息和概念，如課程複習、項目規劃或創意思維。此外，它還能提高思維的靈活性和創造力，使學習過程更為有效和愉快。

如何將枯燥課本變身彩色知識網？

使用思維導圖可以將傳統的、線性的學習方式變成一種更為生動、互動的方式。這種方法不僅幫助學習者以一種全新的視角來整理和理解信息，還激發了創造力和深度思考。通過將信息以網絡的形式展現，學習者能夠更容易地看到不同概念之間的聯繫，從而實現更全面和深入的學習。

實例

張華面臨着一個巨大挑戰：如何有效地複習信息密集的大學歷史課程？

構建歷史線索

張華首先在思維導圖中心寫下「世界歷史」，然後繪製出幾個主要時代的分支，如「古埃及文明」、「希臘羅馬古典時期」、「中世紀歐洲」。

細化關鍵事件

在每個時代的分支下，張華詳細地描繪了關鍵事件、歷史人物等。例如，在「古埃及文明」分支下，他詳細標註了金字塔的建造、法老王的統治和象形文字的使用。

整合視覺元素

為了使學習更加生動，張華在思維導圖中加入了歷史事件的圖片，如法老王的肖像、希臘羅馬的雕塑作品。他還使用顏色代碼來區分不同的文明和時代。

尋找關鍵詞間的關係

張華進一步探索思維導圖中內容之間的聯繫，如「宗教對文明的影響」。

反覆審視和擴充

隨着課程的深入，張華不斷地審視和更新他的思維導圖，加入新的信息，調整佈局，以反映他對歷史的深入理解和新的洞察。

在思維導圖中加入圖片和顏色，不僅增強了視覺吸引力，也提高了記憶效率。思維導圖有助於記憶具體事實的同時，也增強了歷史事件之間聯繫的呈現。

掌握學習方法的關鍵

確定中心主題

每個思維導圖應始於一個清晰定義的中心主題，這將是你思考和組織信息的核心。

添加主要和次要分支

從中心主題延伸出主要分支，代表主要概念或子主題。然後在每個主分支上添加次要分支，以進一步細化信息。

利用顏色和圖像

顏色可以用來區分不同的主題或強調特定部分，而圖像和符號可以幫助記憶和增強理解。

溫馨提示

不要擔心思維導圖的美觀程度，更重要的是它是否能幫助你清晰地組織和呈現信息。

思維導圖法實踐指南

✓ 防止過度複雜化

在製作思維導圖時，要避免添加過多細節，以免導圖變得雜亂。例如，小麗最初製作的化學反應導圖過於複雜，難以追蹤核心概念。她刪減了內容，只保留關鍵信息，如反應物、產物和反應類型，使思維導圖更加清晰和可讀。

✓ 注意文字和視覺元素的協調

合理使用文字和視覺元素是關鍵。小明在製作關於世界歷史的思維導圖時，發現過多的圖片和顏色反而會分散注意力。他通過減少圖像數量並只用顏色強調最重要的事件，使導圖更加清晰，有重點。

✓ 持續更新思維導圖

學習是一個動態過程，因此定期更新思維導圖非常重要。小華在準備法律考試時，隨着她對課程理解的深入，不斷地添加新的案例和法律原則到思維導圖中。這幫助她完善了知識體系，並加深了理解。

✓ 適應個人學習風格

學習者要讓思維導圖法適應個人的學習風格。明華在學習編程時，用思維導圖來呈現不同的編程概念和語言特性。他發現通過添加代碼示例和算法流程圖，能更有效地理解和記憶複雜的編程概念。

〇二三 概念圖學習法

整理和探索知識間的聯繫。

原理 通過節點代表概念、連接線標示概念間關係的方式，可視化知識間的關聯，便於理解與記憶。

應用場景 適用於學科知識的系統整理和理解，通過將概念及其關係以圖形化方式呈現，有助於構建清晰的知識網絡。

實操技巧 明確地圖中心主題，逐步列出相關概念，展開概念關係圖表，並精確描述概念關係，以構建一個全面反映知識體系的網絡結構。

吸收知識會耗費很多精力，但也有優秀的方法幫助學習者消化吸收知識。概念圖學習法，讓你在學習的過程中可以四兩撥千斤。

在信息傳遞和理解過程中，圖片具有獨特的優勢，它們能夠跨越語言和文化的障礙，直觀、即刻地傳達複雜的概念和信息。這種視覺表達的力量，尤其在學習和記憶方面顯得尤為重要。

概念圖學習法是由美國教育家約瑟夫・諾瓦克在 20 世紀 70 年代提出的。最初是為了幫助學生理解科學概念，後來其應用範圍迅速擴展到各個學科領域。這種方法的優勢在於它能夠幫助學習者不僅記住孤立的事實，而且理解事實之間的聯繫，從而促進深層次學習。

 連接思維

將關鍵概念以節點形式表達，並用連接線標示它們之間的關係，學習者能夠在一個直觀的框架內理解和記憶信息。使用概念地圖的過程涉及幾個關鍵步驟：首先，確定中心主題，並將其置於圖表中心；接着，圍繞中心主題列出相關的關鍵概念，

並將這些概念以分支形式從中心延伸出去；然後，為每個概念與中心主題或其他概念之間畫上連接線，並在連接線上標註概念間的關係；最後，通過不斷地細化和添加新的概念與連接，將更多的信息融入這個結構中。

在實踐中，概念地圖不僅是一種學習工具，也是一種思考、組織知識的方法。它讓學習者能夠以全新的視角看待知識，發現以往忽視的聯繫，激發創新思維。

概念圖學習法如何讓學習歷史事件變得條理清晰

通過將複雜的歷史事件以視覺化形式呈現，概念圖學習法能幫助學習者更好地理解和記憶歷史上的重大事件及相互關係。這種方法強調將事件放入一個大的框架中，使得學習者可以看到不同事件之間的聯繫和影響。

實例

張明正在準備一個關於歐洲文藝復興歷史的詳細報告，決定採用概念圖學習法來組織和呈現信息。

中心概念繪製

張明在一張大紙的中心畫了一個圓圈，寫上「歐洲文藝復興」四個字作為核心概念。這個圓圈是整個概念地圖的焦點。

主要分支創建

從「歐洲文藝復興」的中心圓圈向外擴展四個主要分支，分別是「關鍵人物」、「藝術創新」、「科學進步」和「社會影響」。每個分支用不同顏色的線條表示，以便區分。

關鍵人物詳細化

張明在「關鍵人物」分支下，寫下了達文西、米高安哲羅、莎士比亞等人的名字，旁邊註明他們的主要成就，如「達文西《蒙娜麗莎》」。

藝術創新展開

「藝術創新」分支下，張明列出了幾項創新技術，如「透視法」、「人體解剖學在繪畫中的應用」，並寫出具體的作品或技術解釋。

科學進步闡述

在「科學進步」分支下，張明標註了如「日心說」、「牛頓運動定律」等關鍵科學發現。

社會影響分析

「社會影響」分支探討了文藝復興對社會思潮的影響。張明列出了各種思潮，並在旁邊詳細描述其內容和結果。

互聯與細化

最後，張明補充了概念之間的關係。例如，「達文西」和「科學進步」的關係——「解剖學研究」，以展示人物與科學發現之間的聯繫。

通過以上步驟，張明的概念圖不僅清晰地展示了歐洲文藝復興的各個方面，還因顏色、符號和箭頭等視覺元素增強了信息的層次感和可讀性。這種方法使得複雜的歷史內容可以清晰呈現，便於理解和記憶。

掌握學習方法的關鍵

明確目標

在開始繪製概念地圖之前，明確知道你希望通過地圖達到的學習目標或解決的問題。

收集信息

廣泛收集和整理與主題相關的信息和概念，包括關鍵術語、定義、過程和原則等。

構建框架

概念之間用連接線表示關係，構建出有層次的結構框架。

溫馨提示

不要擔心起初的地圖不夠完美。概念地圖是一個動態的學習工具，隨着你對主題理解的深入，它應當不斷地被修改和完善。

✓ 避免信息過載

當面對大量信息時，先概括大意，再逐步深入到具體細節，避免一開始就陷入信息的海洋無法自拔。以構建一個大事件的概念地圖為例，先確定核心概念和主要事件，然後逐步添加細節和次級概念。

✓ 解決概念混淆

對於容易混淆的概念，通過在地圖中明確它們之間的關係和區別加以區分。比如，在學習細胞結構時，通過不同顏色或形狀標註細胞器，明確不同細胞器的功能和特點，幫助區分和記憶。

✓ 複雜知識的解構

當遇到難以理解的知識時，嘗試將其解構為更小的概念，並尋找與已知概念之間的聯繫。例如，在學習複雜的化學反應時，可以將反應分解為多個步驟，並與之前學過的知識建立聯繫。

✓ 提高學習動力

將學習內容與個人興趣或實際應用相聯繫，可以顯著提高學習動力。例如，如果你對歷史感興趣，可以通過構建某一歷史時期的概念圖，將學習內容與喜愛的歷史故事相結合。

對比法

通過比較加深對不同概念的理解。

原理 強化概念之間的相互關係和差異，幫助學習者在多個角度上深化知識理解，從而有效地提高學習效果。

應用場景 在需要區分和理解相似或對立概念時使用。

實操技巧 在學習過程中主動尋找並對比相似或對立的概念，以加深對知識點的理解。

通過對比法，我們可以從不同角度審視問題，發現更深層次的答案。

對比強化

對比法，也被稱為對比學習法，是一種**通過比較相似或對立的概念來深化理解和記憶的學習方法**。在實際應用中，學習者對於要學習的新概念，可以列出與之相似或對立的知識點，然後深入探究它們之間的差異和聯繫。通過這一過程，學習者不僅能夠清晰地區分這些概念，還能在比較中進一步理解知識結構。例如，在學習歷史時，對比不同歷史時期的社會制度。這種學習法不僅加深了學習者知識的理解，還激發了批判性思維，提高學習深度。

用對比法揭示差異和加深理解

對比法的關鍵在於有效地使用對比來增強理解和記憶。這種方法尤其適用於揭示不同概念之間的異同，幫助學習者構建更為豐富和精準的知識網絡。

實例

小玲正在學習英語的動詞時態，可以使用對比法來比較不同時態的用法，例如「簡單現在式」和「現在進行式」。

確定對比對象

選擇兩個需要比較的時態，比如「簡單現在式」和「現在進行式」。

製作對比表格

	簡單現在式	**現在進行式**
形式：列出每個時態的構成規則。	「簡單現在式」通常用動詞原形。	「現在進行式」則是由「be 動詞 + 動詞 -ing」構成。
用法：列出每個時態的主要用途。	「簡單現在式」用於描述習慣性動作或普遍真理。	「現在進行式」則用於描述正在進行的動作或當前階段的狀態。
例句：每個時態寫出具體例句，以便直觀地看到它們的應用。	She reads every day.	She is reading a book now.

分析異同

相同點：兩者都用於描述現在的情況。

不同點：簡單現在式強調常態或習慣，現在進行式強調特定時刻的行為或臨時性狀態。

實際應用：嘗試用這兩個時態來描述你的日常生活，例如寫日記或與人交談時有意識地運用它們。

通過這樣的對比，小玲不僅能清楚地看到兩種時態的區別和聯繫，還能通過具體例子加深記憶，提高應用能力。這種對比法可以擴展到學習其他語言結構、歷史事件、科學理論等多個領域，都是通過找出核心差異和聯繫來加深理解的有效方式。

掌握學習方法的關鍵

確認對比元素

首先，需要確定兩個或多個要作對比的概念。

深入研究各個方面

對概念從不同角度進行深入研究。包括它們的定義、應用、背景等。

進行對比

一旦掌握了不同概念各自的特點，就可以開始對它們進行比較。分析它們的相似之處和不同之處。

應用於實際問題

再將概念應用於實際問題或情景。通過實踐應用，你可以進一步理解這些概念。

溫馨提示

概念之間的差異，可以幫助學習者深入理解概念，而探索與質疑正是創新思維的搖籃。

對比法實踐指南

✓ 辨識易混淆概念

在學習時，可能會遇到對相似但本質不同的概念的誤解。例如，學習經濟學時，容易混淆「供給」與「需求」。針對這個問題，建議深入研究每個概念的定義和特點，並通過製作圖表來明確概念間的差異與共同點。例如經濟學生美美通過創建供需曲線的對比圖，清晰區分了兩者的特徵，避免了混淆。

✓ 應對信息過載

當面對大量信息時，你可能會感到困惑。為了有效地處理，建議可以分步驟進行，首先理解概念的基礎，然後逐步進行比較。例如，心心在準備科學課的辯論賽時，看到了關於全球變暖原因的對立觀點。她決定先單獨研究每種觀點的證據和論據，然後比較這些信息來形成自己的立場。

✓ 善用圖表

思維導圖或表格是對比法較為有效的工具。例如歷史專業的學生風風在學習不同時期的政治體制時，使用表格列出每個時期的特點，幫助她清晰地區分和記憶這些信息。

✓ 處理觀點偏見

在面對多樣化的信息和觀點時，很容易受到先入為主的影響。為了避免偏見帶來的誤判，處理和評估不同的觀點可以採用對比法。通過直接比較不同觀點的論據，幫助我們從多角度理解問題，減少偏見的干擾。

第七章

專項精煉 深度學習

專題學習是深入掌握某一領域知識的有效途徑。本章將帶你領略整體性學習法、刻意練習法等高效學習方法，助你在專題學習中取得突破性進展，快速提升專業能力和素養。

整體性學習法

通過連接知識點，整體把握和連接學習內容。

原理 知識可以相互連接成網絡，聯繫地理解，有利於新知識的獲取。

應用場景 適用於希望提高學習效率和知識整合能力的學習者，特別在需要融合跨學科知識和解決複雜問題時最為有效。

實操技巧 將要學習的概念與已知知識連接，構建網絡，深化理解。

知識不是獨立的，如果學習像玩一個巨大的連線遊戲，每個知識點都會被連接，創建了一個充滿探索樂趣的網絡！這就是整體性學習法帶給我們的全新體驗。

整體性學習法並不是單一創始人的成果，而是多位教育專家、心理學家和認知科學家在理解大腦處理信息方式的基礎上共同發展出的方法。這種學習策略結合了聯結主義、建構主義和認知心理學等多種學習理論，強調通過構建知識間的聯繫來提升學習效率和深度。

用連接構建理解

整體性學習法是一種將知識作為一個連貫整體來學習的方法。這種方法的核心在於**理解和應用知識之間的聯繫，從而構建知識網絡**。使用這個方法時，學習者首先嘗試把握概念或主題的全貌，通過探索各個部分之間的相互關係和聯繫，深入理解其內在邏輯。例如，學習一個科學定義時，不要只關注公式的記憶，更重要的是理解公式背後的科學概念，它是如何被發現的，以及它在現實世界中的應用等。

 整體性學習法如何把知識變成連線遊戲？

整體性學習法將知識學習轉變為一場富有挑戰和樂趣的連線遊戲，它鼓勵學習者不要記憶孤立的事實，而是發現和構建知識之間的聯繫。**知識之間不是獨立存在，而是彼此關聯的。**學習者通過建立連接，就像在腦海中繪製一張龐大的、互相連通的知識地圖，可以更加深入和全面地理解複雜的概念。

實例

小紅正在學習人體系統及功能相關知識，她嘗試通過整體性學習法更好地理解和記憶複雜的人體系統。

構建知識框架

小紅首先繪製了一個包含人體主要系統（如循環系統、消化系統、神經系統等）的大型思維導圖。她為每個系統設定一個區域，並列出每個系統的主要器官和功能。

探索概念之間的聯繫

接下來，小紅開始研究系統內部以及之間的相互作用。例如，她探索循環系統如何通過輸送氧氣和營養物質支持運動系統工作，以及這些系統如何依賴神經系統來調控。

深化理解

為了深入理解每個系統的具體功能，小紅通過網上課程和實際解剖模型進行學習。她在思維導圖上添加每個系統的詳細描述和器官之間的相互作用。

通過教學鞏固

小紅向同學們講解她的思維導圖，這不僅幫助了同學們理解這些知識，也加深了自己的記憶。

通過這種整體性學習法，小紅能夠系統地掌握人體系統及功能知識，有效地將各個知識點聯繫起來，形成一個完整的知識網絡，使學習過程更加有效和有趣。

掌握學習方法的關鍵

了解整體性學習法的基本原則

了解整體性學習法的核心概念，理解知識之間的關聯和網絡。

選擇一個學習主題作為起點

選取一個具體的學習主題，作為實踐這種學習方法的初始點。

探索知識之間的聯繫

探討所選主題內的不同知識點，並尋找它們之間的聯繫。

將所學應用於實際或其他學科

思考所學知識如何應用於日常生活，或與其他學科的知識相連。

溫馨提示

在使用整體性學習法時，保持好奇心和開放心態，就能更自然地發現知識間的聯繫，並享受這個學習過程。

整體性學習法實踐指南

✓ 構建知識之間的網絡

整體性學習法核心在於將孤立的知識點連接成一個有機的網絡。在學習時，不僅僅是記住信息，而是思考它們如何相互關聯。比如，在學習歷史事件時，探討這些事件如何影響了今天的社會和文化，從而建立歷史與現實的聯繫。

✓ 利用類比和聯繫加深理解

在學習新概念時，尋找與已知知識的類比和聯繫，這有助於深化理解。將複雜的科學理論通過日常生活中的例子來解釋，比如用河流的流動來幫助理解電路中電流的概念。

✓ 多角度思考和應用

整體性學習法鼓勵從多個角度思考問題。當面對一個概念時，嘗試從不同視角來探討它，這樣可以更全面地理解。比如，在學習生態系統時，可以從生物學、地理學和環境科學等方面進行考慮。

✓ 持續的實踐和反思

定期回顧和反思所學知識及其聯繫，確保知識網絡的持續增長和完善。如果發現某些連接不夠強，可以通過額外的研究或討論來加強這些聯繫。例如，在學習完一個數學章節後，回顧其與先前章節的聯繫，並思考如何在未來的問題中應用這些知識。

〇二六

分層強化學習法

按難易程度分層級逐一解析學習內容，逐步提升學習深度。

原理 基於認知心理學，從基礎到高級逐步學習，可以更有效地構建和鞏固知識體系。

應用場景 適用於需要將複雜學習任務分解為若干層次以逐步攻克、提高學習效率及應對學習困難的場合。

實操技巧 從基礎開始學習，逐步過渡到更複雜的內容，確保在進入下一層級前，前一層級的內容已被充分理解和掌握。

你是否曾為複雜的知識內容感到困惑？不要擔心，分層強化學習法可以幫助你攀登知識高峰。這種方法可以幫助你從基礎知識開始，一步一步地深入複雜領域。

分層強化學習法的理念源自教育心理學，其中最主要的是布魯姆的認知領域分類理論。布魯姆的分類理論強調了從簡單到複雜的學習過程，提出了有效構建知識體系的分層方法。

逐層構建

分層強化學習法讓學習者從最基礎的知識開始，逐步深入更高層次的內容。**每一層的學習都建立在前一層的基礎上，確保了知識體系的連貫性和完整性。**通過使用分層強化學習法，學習者可以系統地拓展知識領域的深度和廣度。這種方法通過分步驟、逐層深入的學習模式，幫助學習者逐漸構建起堅實的知識基礎，並在此基礎上擴展更深層次的理解。

逐層攀登知識高峰！

在應用分層強化學習法時，重點在於從基礎開始，逐步探索更深層次的內容。首先，明確學習內容的基礎層次。然後，逐層學習。每進一層要確保前一層的知識已經牢固掌握。這種方法讓學習者可以專注於學習層的內容，避免分心於更深一層的內容，使得信息過載。

實例

在家明的學習案例中，我們可以更深入了解他是如何通過分層強化學習法逐步掌握編程技能。

構建基礎知識

家明開始時專注於編程的基礎概念學習，如變量、數據類型、控制結構等。每學習一個新的概念，他都會通過編寫簡單的程序來加強理解，如創建循環來計算數字的總和。

應用基礎知識

在掌握基本概念後，家明嘗試將這些知識應用於解決簡單的實際問題。例如，他編寫了一個小程式來整理和分析個人財務數據。

逐層深入

隨着基礎概念的鞏固，家明開始學習更高級的概念，如對象導向編程、數據結構。每次學習新概念時，他都會嘗試理解其與基礎概念的關聯，並通過編寫更複雜的程式進行實踐。

實際項目實踐

為了進一步提高技能，家明加入了一個開源項目——實際參與軟件的開發。這個過程中他學習了版本控制、代碼協作等高級技能，並將所學的數據結構和算法知識應用於實際問題。

深度理解與創新

家明開始探索更高級的主題，如軟件架構和設計模式。他不僅理解了這些概念的理論部分，還嘗試在自己的項目中實踐這些先進的設計理念。

分層強化學習法的一個關鍵技巧是在每一層學習之後進行實踐應用。這種實踐不僅鞏固了家明的理論知識，也幫助他更好地理解每個層級內容之間的聯繫。通過將理論與實際相結合，學習者可以更深刻地理解每個概念，同時培養出解決實際問題的能力。

掌握學習方法的關鍵

明確學習目標

首先，明確你的學習內容和學習目標。這將幫助你確定學習的起點和需要達到的深度。

劃分學習層級

將學習內容分成不同層級，從最基礎的知識開始，逐步劃分出更高難度的內容。每個層級應包含必要的知識點和技能。

逐層深入學習

從最基本的層級開始學習，並確保在進入下一層級之前已經充分掌握當前層級的內容。每一層級的學習都應建立在之前層次的基礎上。

持續複習和實踐

定期複習之前的層級，並盡可能將所學內容應用於實踐。這有助於鞏固知識並理解不同層級內容的聯繫。

溫馨提示

基礎層級的「紮實」是達到更高層級學習成功的關鍵。在遇到困難時，可以複習之前層級的內容。

✓ 應對基礎知識掌握不牢

若在較高層級的學習中遇到障礙，可能是由於基礎知識掌握不牢固。如娜恩在學習大學物理時遇到難題，她回顧並加強了基本物理原理的學習。回到基礎層級的複習有助於鞏固基礎，可以更好地理解高級概念。

✓ 平衡不同層級的學習

保持不同層級知識學習間的平衡至關重要。明偉在學習編程時，同時關注基礎語法和應用開發。他通過實踐項目將概念應用於實操，這樣既練習了基礎技能，又提高了實踐能力。

✓ 適時調整學習節奏

不同的學習層級可能需要不同的學習節奏。王芳在學習外語時，初期快速掌握了基礎詞彙，但在進入語法和會話練習時放慢了學習進度。調整學習節奏以適應不同難度的內容是保持有效學習的關鍵。

✓ 整合知識點

學習過程中，重要的是將不同層級的知識點聯繫起來。小雷在學習歷史時，不僅記住了歷史事件的名稱和日期，還努力理解不同歷史事件之間的聯繫。通過繪製時間線和比較不同歷史時期，他能更深刻地理解歷史的脈絡。

〇二七

刻意練習法

精練特定技能，取得大幅進步。

原理 聚焦於某一技能，通過有目的的練習和持續反饋循環，達到精熟。

應用場景 適用於在技能型領域中希望快速提高技能水平的學習者，通過持續、有目的的練習達到卓越表現。

實操技巧 設定清晰的學習目標，分解技能進行針對性練習，接受專業指導，持續自我評估和調整練習方法。

如果有一種方法，能夠通過精確的訓練方式，讓你的技能在短時間內突飛猛進，甚至達到專業水平，你會使用嗎？這正是刻意練習法的驚人效果。這種學習方法源於安德斯·艾利克森教授的研究，他在研究世界級音樂家、運動員等高水平者時發現，這些人達到卓越成就的共同點在於他們都經歷了長期、有目的的刻意練習。這種練習不同於一般的重複性訓練，它需要在專業指導下，針對特定技能進行有計劃、有目標的練習，並不斷獲取反饋和改進意見。

跳出舒適區，不斷挑戰自己

刻意練習法**不僅僅是簡單地重複，而是一種有目的、有計劃的訓練方式，**其目標是突破個人的舒適區，挑戰自我極限。通過具體的、針對性的任務，以及持續的反饋和調整，學習者可以持續提高自己的技能水平，達到之前未曾觸及的高度。這種方法**鼓勵我們不斷探索自我潛力的邊界，盡己所能提高自己的技能。**

通過刻意練習法，學習者可以實現從平庸到卓越的飛躍。這種方法幫助我們在特定領域達到高度熟練甚至專家級別。目標明確的練習、持續的反饋和自我調整是提高技能水平的關鍵。它教會我們有效地利用時間，專注於具體的技能，克服困難，最終實現技能的全面提升。

 刻意練習法如何讓你成為領域專家？

刻意練習法要求我們設定具體且有一定難度的目標，並持續地集中精力攻克這些挑戰。這個方法的核心是反饋和自我調整。我們需要不斷地評估自己的練習效果，並不斷調整練習方法。這種持續的、有針對性的努力，最終會令技能水平有顯著提升。

實例

理察，一位業餘高爾夫球愛好者，渴望提高自己的揮杆技巧。他採用刻意練習法，明確設定目標：提高揮杆的準確性和力度。

明確目標

理察與教練討論後，確定了具體的練習目標，即提高揮杆的準確性和力度。

專注練習

理察開始專注於每一個細節的練習，比如握杆姿勢、身體平衡和力量分配。他反覆練習每一個揮杆的分解動作，確保每一個環節都做到最好。

反饋和調整

每次練習後，理察都會與教練討論練習效果。他記錄下每次練習的細節，包括揮杆的角度、力度和準確性。根據教練的反饋，他調整自己的練習方法。

持續進步

理察持續這樣的練習數月。他注意到自己的揮杆技能在逐漸改善，不僅揮杆更加流暢，而且準繩度和力度都有顯著提升。

在刻意練習法中，記錄和分析是至關重要的。通過詳細記錄每次練習的情況，並分析成功和失敗的環節，學習者可以更好地理解自己的進步，發現需要進一步改進的地方。這樣的記錄還可以指導我們在未來的練習中如何更有效地分配時間和精力。

掌握學習方法的關鍵

設定具體的練習目標

確定具體、可量化的練習目標，如提高特定技能的效率或質量。

分解練習任務

將複雜的練習目標分解為小的、可管理的練習單元，以便專注於每個具體的技能點。

持續專注練習

在練習過程中保持高度專注，確保每次練習都是有意義和有目的的。

主動尋求反饋和調整

定期獲取專業的反饋，並根據反饋調整練習計劃和方法，保證練習的有效性。

溫馨提示

要理解成為高手是一個逐漸積累的過程。每一次練習都是向目標邁進的一小步。

✓ 克服挫折感的策略

刻意練習往往伴隨着挑戰和挫敗感。例如，一位初學編程的學生可能在理解複雜的算法時遇到困難。在這種情況下，建議採用分步學習法，先從基礎概念入手，逐漸過渡到高難度內容。同時，記錄和慶祝每一個小成就，以維持積極的學習態度。

✓ 有效的時間和能量管理

由於刻意練習需要集中大量精力，有效管理個人時間和能量變得尤為重要。比如，一名備戰馬拉松的跑者應該制定詳細的訓練計劃，包括高強度訓練、休息日和恢復期，確保身體和心理都得到充分準備。

✓ 尋求專業指導和反饋

在刻意練習的過程中，專業指導和反饋是不可或缺的。例如，一位志在成為專業畫家的藝術生應定期向老師展示自己的作品，接受批評和指導，了解自己的優勢和需要改進的地方。此外，加入藝術工作坊或小組，與同行交流心得，也能獲得寶貴的外部視角。

✓ 記錄、分析進步並調整策略

詳細記錄練習過程和成果，有助於監控進步並及時調整學習策略。例如，一位外語學習者可以通過錄音來記錄自己的口語表達，隨後回聽並分析語言流暢度、發音準確性等方面的進步。這樣的自我評估有助於發現學習盲點，並針對性地加強訓練。同時，設定階段性目標，如每週掌握一定數量的新單詞或表達，能有效提高學習的系統性和效率。

〇二八

西蒙學習法

持續、專注地深入研究，短時間內掌握大量知識。

原理 一種高效學習策略，旨在短時間內深入掌握知識或技能。

應用場景 適用於高效記憶和快速掌握知識的需求。

實操技巧 設定明確學習目標，每天固定時間集中學習。運用高效學習技巧如番茄學習法，及時將所學內容應用於實踐。

只需半年的時間，就能讓你在喜歡的領域變成專家，無論是編程、語言，還是任何你嚮往的技能。這聽起來像是魔法，但其實這正是赫伯特・西蒙教授提出的西蒙學習法所能做到的。

赫伯特・西蒙，這位諾貝爾經濟學獎得主，不僅是一位經濟學家，還是認知科學和人工智能的先行者。西蒙學習法源自他對人類學習方式的深刻見解，它打破傳統學習的局限，幫助學習者在極短時間內實現從入門到精通的跨越，無論是探索新的科學領域還是精進專業技能都適用。

持續、專注、實踐

西蒙學習法強調持續不斷地學習，每天投入固定時間去深入一個特定的領域。在這個過程中保持高度集中的專注力，避免被外界干擾。最後將所學的理論知識應用於實際情景中，通過動手操作、解決實際問題來加深理解和鞏固知識。這種學習方法不僅提升了學習效率，還能夠使所學知識更加牢固，最終轉化為個人的實際能力。簡言之，西蒙學習法使學習者能夠在短時間內掌握和應用所學知識。

西蒙學習法如何讓你在六個月掌握一門學問？

通過設定明確的學習目標和分階段的細緻計劃，西蒙學習法可以幫助我們在六個月內系統地掌握一門學問。這種方法要求學習者**持續專注於每日的學習任務，並不斷評估以調整學習策略。**通過將學習內容劃分為可管理的小部分，並安排定期的複習和實踐，使得能在短時間內深入理解和應用新知識，從而高效地達成學習目標。

實例

李國華用西蒙學習法挑戰掌握日語口語。計劃在六個月內達到留學需要的基礎交流水平，這個方法需要持續、系統地計劃和實踐。

明確學習目標

設定具體、可達成的學習目標，例如「六個月內能夠用日語進行基本日常生活交流，包括問路、購物、就餐等」，確保目標明確且具體。

制定詳盡的學習計劃

將整個學習週期分為幾個階段：前兩個月專注於掌握基礎詞彙和簡單對話；中間兩個月學習常用語句和表達方式；最後兩個月進行實際對話練習和場景模擬。這種分階段的方法有助於確定學習的目標和針對性，是西蒙學習法的實踐核心。

定期地專注學習和練習

每日安排固定的學習時間，堅持使用多樣化的學習資源。通過反覆練習和長時間的沉浸式學習，加深對語言的理解和使用能力。

評估與調整

定期評估學習進展，確保可以實現每個學習階段的目標。若進展不如預期，及時調整學習策略或增加學習量。

實際應用和模擬

結合西蒙學習法的實踐指南，通過語言角、模擬對話等形式增強實際應用能力。在學習的後期階段，頻繁地進行角色扮演和真實情景的對話練習，提升口語交流能力。

反饋與優化

定期評估學習進展，確保可以實現每個學習階段的目標。若進展不如預期，及時調整學習策略或增加學習量。

通過這種系統化且持續的學習，李國華可以在準備出國留學期間，有效地提升日語口語能力，充分準備好面對日常的基本交流需求。

掌握學習方法的關鍵

設定學習目標和時間框架

明確你想要在六個月內完成的學習目的，並制定一個具體的時間表。比如，如果是學習一門新語言，決定掌握的詞彙量、語法規則和會話能力的程度。

分解學習內容為信息塊

將學習內容細分為信息塊，每個信息塊可以是一個新詞彙、一個語法規則或一個實用短語等。確保每個信息塊都在 1 分鐘至 1.5 分鐘內可以被理解和記憶。

制定每日學習計劃

每天安排大約五小時的學習時間，用於學習這些信息塊。規劃好學習內容的多樣性和平衡，比如閱讀、聽力練習、口語練習輪流進行等。

實踐和複習

將所學內容應用於實際情景中進行練習，比如實際對話、寫作或實驗等。定期複習舊的信息塊以強化記憶，確保以前學過的內容不被遺忘。

溫馨提示

每天的堅持和專注是達到六個月學習目標的關鍵。

西蒙學習法實踐指南

✓ 分模塊學習，避免信息過載

在面對大量學習材料時，將內容劃分為小模塊，專注於每個模塊的學習。比如在學習編程時，可以將不同的編程概念、數據結構或算法劃分為不同的學習模塊。為每個模塊安排特定的學習時間，逐一掌握。

✓ 設定短期目標以維持動力

在六個月的長期目標中，設定一系列短期目標，以保持學習的動力和興趣。例如，可以設定每週掌握一定數量的新詞彙或達到一定的編程技能水平。每達成一個短期目標，給自己一個小獎勵，比如一頓美餐或一個休閒娛樂的晚上。

✓ 合理安排休息，防止疲勞

長時間集中精力學習可能導致疲勞。確保在每個學習週期中安排足夠的休息時間。例如，每學習 50 分鐘，安排 10 分鐘的休息時間，進行身體拉伸或短暫散步。此外，確保每晚有充足睡眠，以保持第二天的學習效率。

✓ 實踐應用與反饋循環

學習不應只停留在理論層面，將所學知識應用於實際情景中極為重要。比如在學習新語言時，嘗試用所學語言進行日常對話；在學習編程時，參與實際的編程項目。同時，尋求外部反饋，如參加學習小組或尋求專業人士的指導，以便及時調整學習方法和方向。

〇二九

交叉法

將不同學科的知識相互融合，以提升學習深度。

原理 通過將一個領域的知識應用於另一個領域，學習者能夠開發新的思考方式，促進創新思維和深入理解。

應用場景 創新思路，適用於提升跨學科思維能力、解決綜合性問題，增強學習興趣和創造力。

實操技巧 選擇兩個或多個感興趣的領域，定期交替學習。在學習過程中，尋找不同領域之間的潛在聯繫。

想要在長時間的學習中保持高效嗎？這似乎是個令人頭疼的問題，不妨試試交叉法。這種獨特的學習方法能夠幫助你在持續學習時保持新鮮感和高效率。通過交叉學習不同領域，讓學習變得更加有趣，而且能夠促進深層次的理解和創新。

交叉法並沒有一個具體的「發明者」，免其深受多學科交叉理念和綜合教育理念的影響。這種學習方法反映了現代教育趨勢，強調跨學科思維和創新能力的培養。

多學科融合創新

教育專家和心理學家們通過研究發現，多領域的交叉學習能夠提高思維的靈活性和創造力，促進更全面的知識掌握。這種學習方法**鼓勵學習者跨越學科邊界，將不同領域的知識和技能相互結合，從而形成新的知識結構**。學習者能夠在不同學科間建立聯繫，發現它們之間的聯繫和相互影響之處。

例如，學習者可能先學習了物理的力學原理，然後探討這些原理在體育運動如足球或籃球中的應用。接着，他再回到物理學科，用實際的運動案例來解釋力學概念。這種學習循環不僅有助於鞏固每個學科的知識，還能激發創新思維，幫助學習者在理論和實踐之間建立連接。通過這種方法，學習者能夠全面掌握知識，同時避免長時間集中在單一學科可能引起的學習疲勞和效率下降。

交叉法如何讓學習者持續保持高效率？

交叉法不僅豐富了學習內容，還提高了學習者學習的深度和廣度，激發了創造性和創新能力。學習者通過將一個領域的思維方式應用於另一個領域，能夠發現新的知識聯繫和創新思維路徑，從而在學習過程中保持新鮮感和動力。

實例

志偉是一名計算機科學系的學生，同時也對心理學充滿興趣。他決定使用交叉法來同時提升他的編程技能和心理學知識。

目標設定

志偉的目標是利用心理學知識來改善用戶界面設計，並使用編程技能來開發心理學實驗和測試。

計劃制定

志偉每週分別安排時間學習軟件開發和心理學理論。在學習軟件開發時，他特別關注用戶體驗和界面設計。在學習心理學時，他着重於用戶認知和行為模式。

知識融合

在學習心理學的過程中，志偉開始思考如何將心理學原理應用到軟件設計中，比如使用色彩心理學原理設計界面來提升對用戶的吸引力，或者根據注意力理論來優化界面佈局。

實踐應用

志偉在自己的項目中實踐了這些理論。他設計了一個應用程式，其界面和功能均基於心理學原理，以期提升用戶體驗。

效果評估

通過用戶反饋和使用數據，志偉評估了設計的有效性，並據此調整和改進。

通過交叉學習，志偉創造了一個獨特且有效的產品。

掌握學習方法的關鍵

選擇並了解學習領域

確定你想要交叉學習的兩個或多個領域。

尋找領域間的聯繫

研究不同領域之間的潛在聯繫。

制定交叉學習計劃

制定一個具體的學習計劃，確保計劃中既有對單獨領域的深入學習，也有將兩個領域知識結合的實踐。

實際應用和反思

嘗試將一個領域的知識應用到另一個領域的實踐中。進行創造性的實驗，探索新的可能性，並定期複盤了解哪些動作有效，哪些需要調整。

溫馨提示

記得保持開放和創造性的思維。最初，不同學科間的知識可能看起來沒有直接聯繫，但正是探索融合的過程，往往能夠帶來新的洞見。

交叉法實踐指南

✓ 避免信息過載

同時學習多個領域，容易感到信息量過大。為此，可以分階段學習。例如，如果你同時學習編程和心理學，可以一週專注編程，下週轉向心理學，輪流交替。這樣既保持學習的深度，又避免了同時處理過多信息的壓力。

✓ 尋找領域間的深層聯繫

在使用交叉法尋找領域間的深層聯繫時，關鍵在於深入理解各學科的核心概念，並探索這些概念在不同領域的應用方式。例如，可以將數學中的圖形對稱性與藝術設計關聯，幫助理解圖形的同時也能創造視覺平衡感的作品。

✓ 克服學習動力不足

當進展緩慢或遇到困難時，學習動力可能下降。設立小目標和獎勵機制可以提高動力。例如，每完成一個跨學科項目或達到一定的學習里程碑，就獎勵自己一次短途旅行或其他感興趣的活動。

✓ 注重實踐

僅僅理論學習可能不足以深入掌握交叉法，更需要通過實際項目來應用。例如，如果你在學習編程和心理學，可以嘗試開發一個心理學測試的軟件。通過實踐，加深理解。

030

理想困難學習法

引入適度挑戰，增強學習深度，提升個人能力。

原理 該方法基於認知心理學，認為通過增加學習任務的難度，可以激勵大腦更加努力地工作，從而加強對信息的處理和記憶。

應用場景 挑戰跳出「舒適區」。適用於希望在挑戰中提升自我、克服學習困難的學習者，通過面對和解決難題讓自己的能力更上一層樓。

實操技巧 在學習時故意設置障礙，比如使用更加複雜的筆記方式、刻意提高學習資料的獲取難度，或在不熟悉的環境中學習等。

你是否曾想過，讓學習變得更有挑戰性可以幫助你學得更好？這就是理想困難學習法的核心理念。不要害怕困難，它們其實是你通往成功的秘密武器！

這種學習方法的思想最早可以追溯到心理學家羅伯特・比約克的研究。他在學習和記憶領域作出了開創性的貢獻，發現**在學習過程中引入適度的困難可以顯著提高記憶力和理解能力**。這種方法後來被稱為「理想困難」，這些困難是「故意為之」的，旨在提升學習能力。

挑戰促進成長

通過在學習過程中引入適當的障礙和挑戰，比如使用更加複雜的解題方法或在有干擾的環境中學習，可以激發大腦更加積極地處理信息。這個方法強迫你跳出舒適區，迫使你的大腦以更加高效的方式工作。

通過使用理想困難學習法，學習者對知識可以達到更深層次的理解和更持久的記憶。它特別適用於那些需要深度理解和長期保持的知識領域，如語言學習、專業技能培養或複雜概念的掌握等。比如，嘗試用不同的方式解決數學問題或在嘈雜的咖啡廳背單詞，都可能提高你的學習能力。通過這種方式，你會發現學習變得有挑戰性，記憶也更加牢固。

理想困難學習法如何讓難度成為你的超級學習助力？

「理想困難」可以通過多種方式實現，例如通過限制可用的學習資源，提高對信息檢索和理解的難度；或者在有干擾的環境中學習，增加對外部干擾的屏蔽能力。還可以嘗試不同的學習方式，如採用不熟悉的筆記方法，或者嘗試用新的角度解決問題。這些挑戰可以讓大腦不得不更加努力地工作，從而提升能力。

實例

大學生阿薇正在學習法語詞彙，她應用了理想困難學習法，通過以下方式進行學習。

學習方式的改變

阿薇採用間隔背誦的方法記憶單詞。她將單詞分組，然後隔幾天後再回顧。這種間隔複習增加了記憶的難度，但也促進了記憶能力的培養。

學習環境的挑戰

阿薇嘗試更換不同的環境進行學習，如圖書館、咖啡店或家中不同的房間。這種環境的變化有助於適應能力的鍛煉。

學習內容的綜合

阿薇在學習單詞時不局限於同一主題，而是綜合不同主題或類型的單詞進行學習。這種綜合學習要求大腦進行更多的思考和連接，從而加強思考能力。

學習效果的檢驗

阿薇通過自我測試的方式來複習單詞。例如，她可能會看單詞的定義，然後嘗試回憶相應的單詞，或者通過寫作和口語練習來使用這些單詞。

通過多種方式，增加學習過程中的困難，雖然短期內我們可能感覺更費力，但我們的能力在過程中得到鍛煉與提升。

掌握學習方法的關鍵

確認學習內容和目標

學習一門新語言、一個專業科目或任何需要深入理解和掌握的新技能。

設計理想困難

可以是限制自己只使用特定的學習資料，或在不同的環境中進行學習，或是使用更複雜的學習方法。

實踐並應對挑戰

重要的是要持續挑戰，即使遇到困難也不要放棄。記住，「挑戰」就是這個方法的關鍵。

溫馨提示

挑戰雖然有助於學習，但過度的難度可能會導致挫敗感。要找到適合自己的困難平衡點。

✓ 應對過度挑戰

有時，過高的難度可能導致挫敗感。例如，彼得在學習新語言時，過分注重參考複雜的語法書而忽視基礎，常常感到沮喪。解決這個問題的關鍵是調整並找到適合自己的難度，再逐步提升難度。

✓ 避免效率降低

「困難」可能在一開始會降低我們的學習效率。如健華在學習編程時嘗試直接挑戰複雜項目，學習進展十分緩慢。發現問題後，可以調整階段性目標，先從基礎項目開始，逐步過渡到複雜項目。

✓ 維持持久的動力

長期面對挑戰，動力可能減弱。君婷在備考期間，因連續解決難題而感到疲憊。應對這種情況，建議設置小的里程碑和獎勵機制，比如每解決一個難題，就允許自己短暫休息或進行喜歡的活動。

✓ 適應新學習模式

初次嘗試理想困難學習法時，可能難以適應。初期表現可能是難以集中注意力，但關鍵在於持之以恆。初期可以設定較短的學習時間，再逐漸延長學習時間。

第八章

綜合實踐提升能力

綜合實踐能力是現代社會對人才的重要要求，本章將介紹如何通過對多個實踐策略，全面提升你的綜合實踐能力。通過本章的學習，你將更好地應對現實挑戰，實現個人價值的最大化。

〇三一

六頂思考帽

通過六種不同的思考模式，有序、全面地思考問題。

原理　切換不同的「思考帽」，從多角度審視問題，每頂帽子代表一種思考方式。

應用場景　特別適用於解決複雜問題和決策時刻。

實操技巧　在思考過程中，有意識地切換不同顏色的思考帽，以激發多角度思考。

學習也可以表演帽子戲法！如果你能夠像切換帽子一樣輕鬆切換思考方式，從不同角度審視一個問題，你的學習和決策過程會多麼的高效和全面！六頂思考帽正是這樣一個強大工具，它讓你的思考不再局限於單一角度。

六頂思考帽由愛德華・德・波諾在 20 世紀 80 年代提出。作為著名的思維訓練專家，愛德華・德・波諾通過這種方法幫助人們更有效地進行團隊協作和個人思考。

多角度思考

六頂思考帽法通過「更換帽子」，促使學習者從不同角度審視問題。白帽代表客觀的事實分析，藍帽管理思維，黃帽幫助你發現機會，紅帽代表情感和直覺，綠帽象徵創新和創意思維，而黑帽則關注風險。**通過在不同的思考模式之間切換，學習者可以更全面地理解問題，並生成更為全面的解決方案。**它特別適用於解決需要綜合不同觀點、數據和情感判斷的複雜問題。

如何穿梭於思考的多維空間？

六頂思考帽的應用不僅是一種技巧，更是一種思維訓練。使用這個方法，重點在於理解每頂帽子代表的思考方式，並能夠在討論或個人思考過程中靈活切換。例如，在面對一個問題時，首先戴上白帽，客觀分析現有數據和事實；然後換上紅帽，探究個人的直覺感受；接着通過黑帽考慮潛在的風險和挑戰；綠帽則幫助你探索新的可能性和創新解決方案。

實例

安娜是一名大學生，正在面對一個具有挑戰性的分子生物學項目決策，她需要確定研究方向並決定使用哪種實驗方法。她決定採用「六頂思考帽」的方法來系統地評估，從而做出更明智的決策。

事實與信息

白帽

安娜首先收集所有相關的事實信息，包括不同實驗方法的成功率、所需資源和時間，以及之前類似研究的數據等。

情感和直覺

紅帽

她列出了自己對各種實驗方法的直覺反應和情感，諸如對某種技術感到激動或對另一種方法感到不安。

批判性思考

黑帽

安娜從潛在的風險和問題的角度審視每種方法，思考哪種方法可能面臨的挑戰和實驗失敗的風險。

樂觀地思考

黃帽

她考慮最佳情況下，每種實驗方法可能帶來的成功和對她未來學術生涯的潛在好處。

創造性思考

綠帽

在此階段，安娜思考是否可以結合不同的實驗方法或完全創造一種新的方法，來提高研究效果和效率。

控制和組織過程

藍帽

最後，安娜用藍帽總結了討論結果，規劃接下來的工作步驟，包括選擇最適合的研究方法，並制定詳細的實驗計劃和時間表等。

通過這種多角度的思考，安娜能夠全面評估各種選項，從而做出更合理和有根據的決策。這個例子展示了「六頂思考帽」在做決策時的實際應用，提供了一個結構化和全面的思考框架。

掌握學習方法的關鍵

了解每頂帽子的含義

開始之前，深入理解每頂思考帽代表的思考模式。

練習獨立使用每頂帽子

在日常學習或決策過程中，嘗試單獨使用每頂帽子。

組合使用多頂帽子

熟悉了每種思考模式後，嘗試將不同的帽子組合起來使用。

反思和調整應用方式

在使用六頂思考帽法後，適時審視效果。思考哪些帽子的應用最有效，哪些需要進一步練習或調整，以便更好地適應不同的思考情景。

溫馨提示

重要的是保持開放的心態。不要拘泥於單一思考模式，而是要根據實際情況靈活運用不同帽子。

六頂思考帽實踐指南

✓ 面對困難時切換思考模式

當在某個特定思考模式下遇到難題時，嘗試切換到另一種模式。比如，如果在使用黑帽風險評估時感到困難，可以切換到綠帽創意思考，尋找創新的解決方案。德華在策劃一項新項目時，在使用黑帽評估時感到悲觀，隨後使用綠帽提出了幾個創新的方案，以改善困境。

✓ 避免過度依賴某一頂帽子

注意不要長時間停留在某一思考模式上，以防陷入思維定式。如果發現自己總是傾向於某種特定的思考模式，應有意識地多練習其他帽子的使用。積奇在小組討論中發現自己總是採用黑帽批判，於是他開始有意識地練習黃帽樂觀思考，以平衡視角。

✓ 在團隊中平衡不同帽子的使用

在團隊討論中，確保每頂帽子都有機會被使用，以達到全面的思考。如果團隊成員傾向於某些特定的思考模式，作為領導者可以引導他們嘗試其他帽子。趙經理發現團隊在項目討論中過於關注風險黑帽，於是他引導團隊使用綠帽進行創新思維。

✓ 在決策過程中綜合不同帽子的觀點

在使用六頂思考帽法做出決策時，重要的是綜合各種模式下的觀點，形成全面的決策。不要忽視任何一方帶來的見解。在研究決策時，可以記錄下每頂帽子下的主要觀點，然後綜合這些信息做出最終決策。

O三二

元認知策略

自我監控，調節學習過程，提高學習效率和思維能力。

原理 基於對自我認知過程的認識，有意識地通過監控、評估等動作調控自己的學習活動。

應用場景 制定更有效的學習計劃，提高自我監控和調節能力。

實操技巧 設定明確的學習目標，持續自我評估，及時反饋調整學習策略。

想像一下，如果我們能夠了解自己的認知過程，掌控自己的學習進度，及時調整自我以應對不同挑戰，是多麼奇妙的體驗。

元認知理論最早由心理學家約翰·弗拉維爾在 1976 年提出。他定義了元認知為「對自己認知過程的認識和控制」。這個理論在教育心理學和認知科學領域產生了深遠影響，幫助人們成為更自覺、更有效的學習者。

自我導向的學習

元認知（Metacognition）一詞源自希臘語“meta”（超越）和“cognition”（認知），直譯為「超越認知」或「認知的認知」，用來描述人們對自己認知過程的意識、理解和控制，包括計劃、監控和評估自己的學習和思考活動。之所以稱為「元認知」，是因為它是對認知活動的高層次反思和調控，不僅僅是學習或思考本身，更重要的是對這些過程的理解和優化。通過元認知，**個體能夠認識到自己的學習方式、思維習慣，並在此基礎上做出調整，以更有效地達成學習目標，提高解決問題能力。**簡而言之，元認知讓我們能夠成為自己認知的主人，通過自我反思來優化認知效果。

做學習規則的改變者

元認知策略是個人學習計劃的強大工具。它教會我們如何通過自我監控和調整來優化學習過程，讓我們成為更高效的學習者。

實例

小進是一名大學生，面對即將到來的期末考試，他決定應用元認知策略來提升學習效率。

規劃階段

在規劃階段，小進明確了目標：掌握課程核心概念並解決經典難題。他制定了一個包括閱讀指定教材、參加學習小組和完成網上自測的學習計劃。

監控階段

在監控階段，小進使用學習日誌記錄每天的學習活動，包括對概念的理解程度和遇到的挑戰。他發現自己對某些歷史事件和理論概念理解得不到位。

調整階段

進入調整階段，小進選擇了與同學一起討論和利用其他學習資源深入理解難點。此外，他還調整了學習時間，留出更多專注學習時間，確保學習效率。

成果

最終，小進取得了優異成績，通過了考試。更重要的是，他學會了如何自我管理學習過程，這對他未來的學習和生活都有着重要影響。

通過小進的例子，我們可以看到元認知策略如何使學習者對自己的學習過程有更深的理解和控制，無論是在學術研究還是個人發展領域，使用本策略都能取得顯著成效。

在使用元認知學習法時，建議定期進行深入的自我評估。例如，在學習一個新概念後問自己：「我是否真正理解了這個概念的核心？」「我需要採取哪些具體步驟來加深理解？」通過這種反思和調整，你可以更高效地掌握知識，達到更好的學習效果。

掌握學習方法的關鍵

自我評估

首先，確認自己的學習需求和目標。反思過去的學習經歷，找出自己的優勢和需要改進的地方。

制定計劃

根據自我評估的結果，制定一個具體而實際的學習計劃。包括設定清晰的學習目標，選擇合適的學習資源，規劃學習時間表等。

執行並監控

在學習過程中，持續監控自己的學習進度。這可以通過自我測試、總結筆記或與他人討論等方式來實現。

反思調整

定期回顧自己的學習過程，評估是否達到預期目標，如果有偏差，找出原因並調整學習方法。

溫馨提示

元認知是一種持續的、動態的過程，它要求我們不斷練習和改進。

元認知策略實踐指南

✓ 堅持自我監控與反思

學習者需要實時自我監控，記錄學習進度和遇到的問題。例如，在學習編程時，可以每天記錄學習的新概念和遇到的難題，反思解決問題的方法和效率，從而調整學習策略。

✓ 關注策略選擇與適應

根據學習內容和個人特點選擇合適的學習策略。例如，在學習歷史時可以製作時間線圖表，將重要事件和人物可視化，幫助更好地記憶和理解。

✓ 注重時間管理與計劃

元認知策略與時間管理和計劃性緊密結合，能夠顯著提高學習效率和成效。這種結合強調學習者主動地參與到自己的學習過程中，通過設置具體的學習目標、制定詳細的時間表和不斷調整學習計劃來優化學習活動。例如，學習者可能發現在早晨學習新概念比下午更有效，據此調整時間表以利用高效的學習時間。

✓ 合理的資源利用與整合

在資源利用與整合上，元認知策略發揮着關鍵作用。學習者需要首先對自身學習需求進行評估，明確所需資源類型。接着，他們要積極尋找、選擇和整合適合的資源，以支持他們的學習目標。這可能涉及選擇教科書、網絡課程、學術論文、實驗工具等不同形式的資源，並結合個人學習偏好和目標進行整合利用。

〇三三

多元智能理論

基於個體特長進行發展規劃。

原理 主張每個人擁有多種智能形式，如語言、邏輯數學、音樂等，各具特色且相互關聯，通過針對性培養和實踐可以全面提升個人潛能。

應用場景 適用於個性化發展規劃。

實操技巧 確認並利用個人的主要智能類型，選擇匹配的學習方法，從而發展個人潛能。

「每個人都是一位天生的藝術家，只是智能的展現形式各異。」這正是多元智能理論的核心所在。它打破了傳統的教育模式，為每個個體提供了發現自我、發揮潛力的新途徑。

多元智能理論是由美國心理學家霍華德·加德納在 1983 年首次提出的。在他的著作《智能的結構》中，加德納提倡智力是多角度的，不應僅僅通過傳統的語言或邏輯數學能力來衡量。他的理論啟發了全新的教育觀念，認為每個人都擁有不同的智能類型，如語言、邏輯數學、音樂、空間等。

個性化學習

多元智能理論強調**根據個人的主要智能類型來選擇和設計學習策略，從而最大限度地發揮每個人的學習潛力和優勢。**使用這一理論，首先要進行的是自我探索，了解自己在哪些智能領域表現出色，比如音樂、邏輯數學、身體運動、人際交往等。然後，根據個人的強項選擇適合的學習方式，例如，音樂智能高的人可以通過創作歌曲來記憶歷史事實，邏輯智能強的人則可能更喜歡通過推理分析來理解世界。通過這種方式，每個人都能通過自己擅長和感興趣的方式進行深入學習，從而使學習過程既高效又愉悅。

如何激活你的超能智慧？

要實踐多元智能理論，關鍵是識別並利用好自己的主導智能。比如，邏輯數學智能強的人可以通過解謎和邏輯推理深化學習，而音樂智能強的人則可以通過創作或音樂記憶來吸收新信息。

實例

志明是一名大學生，對歷史充滿興趣，但始終感覺自己的歷史學習進展緩慢。

探索優勢智能

志明首先注意到自己在團隊項目中經常自然而然地承擔起協調者的角色，善於激發討論，使團隊合作更加高效。在日常生活中，他也經常是朋友聚會的組織者和話題的引導者。此外，他回顧老師和同學們給予的反饋，常常提到他的團隊精神和溝通能力。

驗證優勢智能

志明參加了幾個網上的多元智能測試，並且花時間閱讀關於不同智能類型的資料，尤其是人際交往智能，最終確認了他在人際交往智能方面有顯著的優勢。

利用優勢智能

基於這些發現，志明開始有意識地尋找可以利用他的人際交往智能的學習方法。他決定在學習歷史時，不過多依賴傳統的閱讀和筆記，而是更多地尋求與人交流的機會。他加入了學校的歷史學習小組，積極參與小組討論，甚至開始主動組織學習討論會，邀請感興趣的同學一起探討歷史主題。

通過這種方式，志明不僅加深了自己對歷史知識的理解，還發現通過教授他人，更好地鞏固了自己的知識。同時，他也從同學們那裏學到了從不同視角看待問題，這讓他的學習效果更好。

志明的這種學習方法取得了顯著的成效。他不僅在歷史學科上取得了進步，更重要的是，實踐了如何根據自己的優勢選擇最適合自己的學習方式，這增強了他的自信心，也加大了他的學習動力。

掌握學習方法的關鍵

自我評估

首先，評估確認自己的主導智能類型。可以通過測試，反思自己在日常生活中的表現等方式確認。

選擇適合的學習資源和方法

根據主導智能類型，選擇適合的學習資源和方法。例如，如果你的音樂智能較強，可以嘗試用歌曲來記憶知識內容；如果你的空間智能較強，可以通過圖表和視覺化工具學習。

實踐應用

將所學知識應用到實際情景中。如果你的人際智能較強，可以通過小組討論或教授知識的方式來鞏固；如果你的自然觀察智能較強，可以通過外出實地考察來學習自然科學。

持續反思和調整

在學習過程中不斷審視自己的學習效果，根據反饋調整學習策略。例如，如果某種方法沒有帶來預期的效果，嘗試換一種方法，或者尋求同伴的幫助等。

溫馨提示

每個人的智能特點是獨一無二的。可以多嘗試，找到適合自己的學習方式。

✓ 克服單一學習方式的局限

不要局限於一種學習方式。例如，如果你通常依賴閱讀和筆記，那這次就嘗試加入討論小組或參與創意項目。這樣可以幫助你發現新的優勢。慧明以往總是通過閱讀來學習，但在參與討論組之後，她發現自己能更深入地理解複雜概念了。

✓ 平衡不同智能的發展

雖然依據自己的主導智能學習是有效的，但也要努力提升其他方面的智能。例如，如果邏輯數學智能較弱，可以通過解謎遊戲或數學應用來逐漸增強這方面的能力。比如李莉在音樂和視覺藝術方面表現出色，但她會定期參加數學小組活動，來提高自己的數學能力。

✓ 及時調整

如果某種學習方式不奏效，不要氣餒，而是要調整學習策略。尋求教師、同伴的幫助，找到更適合自己的學習方式。例如王剛最初嘗試通過視頻學習編程，但感到困難。後來，他轉而進行實踐編程項目，發現這種方法更適合自己。

✓ 利用科技輔助學習

現代科技提供了多種學習工具和資源，學習者可以根據自己的智能類型選擇適合自己的。例如使用應用程式來學習外語，或通過網上課程來發展自然觀察智能。綺薇使用外語學習應用程式，通過聽力和口語練習提高了語言智能。

〇三四

實踐學習法

通過實踐加深對知識的理解，加強對知識的應用。

原理 強調通過實踐活動進行探索、測試和學習，以加深理解和提高應用能力。

應用場景 更適用於科學、工程、技術和其他需要實際操作和實驗驗證的領域。

實操技巧 在學習過程中積極參與實驗設計、執行和分析，通過實際操作來測試理論和假設。

通過動手實踐來掌握知識，學習將變得多麼生動和有效！實踐學習法讓你跳出傳統的書本學習，直接進入實際操作和實驗的世界，讓學習變得更加真實和有意義。

實踐學習法的理念源自約翰·杜威的教育理論，他強調「通過做來學習」的重要性。杜威認為，真正的學習發生在學習者與其環境的互動中，實踐活動是理解和應用新知識的關鍵。

實踐促進理解

實踐學習法的核心是通過實際操作和體驗來促進學習。它強調學習者主動參與和建構知識的過程，將理論知識置於實際情景中，讓學習者通過解決問題和應對挑戰來獲取知識和技能。實踐學習法注重學習的意義和應用，鼓勵學習者**在實踐中不斷反思和調整，持續精進並提升自己的能力和水平。**這種實踐性的學習過程使學習者能夠從抽象概念中獲得具體經驗，能夠在實踐中發現知識的實際應用，從而更加深刻地理解學習內容。

實踐學習法如何讓你的理論知識活起來？

實踐學習法需要設計和實施實驗，以驗證和探索理論概念。在實施過程中，學習者需要仔細觀察實驗結果，分析數據，並將觀察到的現象與理論知識聯繫起來。學習者要在實驗過程中保持好奇心和開放性，以及願意從錯誤中學習。實驗不僅是驗證理論的手段，也是一種探索未知和發現新知識的過程。

實例

健強是一名心理學的學生，他正在學習關於心理學經典條件反射原理的內容。在傳統學習中，他可能會閱讀大量的教材資料和學術文章，以獲取理論知識。然而，實踐學習法為他提供了一種更加活躍和身臨其境的學習方式。

健強決定採取實踐學習法來加深自己對經典條件反射的理解。他散步時會經過一個公園，在這個公園的特定區域，每次經過時他都會發出一個特定的聲音（比如輕輕的口哨聲）。接着，在這個聲音響起的同時，給自己一個愉悅的獎勵，吃一塊巧克力。

通過不斷重複這個過程，健強開始觀察到一個有趣的現象：每次他經過那個區域時，他都會感覺到一種愉悅，即使在沒有發出聲音或者吃巧克力的情況下也是如此。這讓他更深入地理解了經典條件反射的原理，即條件刺激，引發特定的愉悅情緒反應。

通過親身實踐，他將理論知識與實際經驗相結合，加深了對心理學理論的理解，這使得他對經典條件反射的概念有了更深入的領悟。這種親身經歷讓他更加自信地應用所學知識，並激發了他對實踐性學習方法的興趣和探索欲望，為他未來的學習和研究提供了重要的啟示和指導。

掌握學習方法的關鍵

實踐性學習

通過親身實踐，將理論知識轉化為實際經驗，加深對知識的理解和記憶。

應用性學習

將學到的知識應用到實際場景中，通過解決問題和面對挑戰來鞏固所學內容。

經驗反思

反思並總結實踐過程中的經驗和教訓，發現問題並改進學習方法。

探索性學習

鼓勵探索和實驗，培養獨立思考和解決問題的能力，從而加深對知識的理解和應用。

持續實踐

不斷進行實踐和反思，持續提升實踐能力和知識水平，形成良好的學習循環。

溫馨提示

不要害怕犯錯或遇到失敗，每次實驗，無論成功與否，都是對理論知識深入理解的機會。

✓ 應對實踐失敗

在實踐中，失敗是常見的，但也是寶貴的學習機會。當失敗發生時，要保持冷靜和樂觀，反思失敗原因，調整學習方法，勇於重新嘗試。通過不斷實踐和反思，逐漸克服困難，取得進步，最終達成學習目標。

✓ 管理實踐資源

明確學習目標和所需資源，制定詳細的實踐計劃，合理安排時間和任務優先級。在實踐過程中及時調整計劃，根據情況分配資源，保持專注和動力。利用各種學習工具和平台獲取知識，定期評估學習效果，總結經驗教訓，不斷提升學習效率。

✓ 做好數據準確記錄與分析

記錄實踐中的數據時，要簡潔明瞭。然後採用適當的分析方法，如統計分析、圖表分析等，深入挖掘數據。最後，根據分析結果總結經驗，反思並調整策略，不斷優化實踐過程。

✓ 注重從理論到實踐的連接

將理論知識與實踐連接的關鍵在於有效的行動計劃。首先，深入理解理論知識，明確目標與預期結果。然後，制定可行的實踐計劃，包括明確任務、分解步驟、設定時間表等。在實踐過程中，及時調整策略，根據反饋不斷改進。最後，對實踐結果進行評估和總結，為下一輪實踐提供指導。

〇三五

角色模擬法

通過角色扮演和情景模擬增強學習體驗。

原理 扮演角色，於模擬特定情景中互動，更好地理解和掌握知識或技能。

應用場景 適用於技能訓練與提升。

實操技巧 選擇與目標技能相關的角色，深入研究該角色的背景和特點，然後在模擬情景中扮演該角色，通過實踐加深理解。

角色模擬法讓你通過實際扮演來深入體驗和理解學習內容，在整個過程中身臨其境。

角色模擬法起源於戲劇和心理治療領域，後來被廣泛應用於教育和培訓中。通過使用角色模擬學習法，學習者可以達到更深入的情景理解、更強的同理心體驗以及更有效的技能掌握。

深入體驗與實踐

角色模擬法的核心在於**通過模擬和扮演不同角色，讓學習者深入體驗學習內容**。這樣的學習過程不僅增強了記憶，還促進了學習者的情感參與，尤其在培養社交技能、提高語言能力方面效果顯著。通過角色模擬，學習者能夠更全面地理解複雜的情景和不同角色的視角，從而獲得更深刻的學習體驗。

如何通過角色扮演深化學習體驗？

在學習過程中，角色扮演是一種引人入勝的學習方法，它能夠將學習者置身於各種情景之中，從而深化對知識的理解和體驗。通過扮演不同角色，學習者能夠身臨其境地感受到學習內容的應用場景，這種親身參與的體驗能夠激發學習者的興趣和動力，使他們更加積極地投入到學習過程中。

實例

小明是一名銷售代表，他意識到自己在與客戶溝通時存在一些問題，因此決定學習人際溝通技巧。他與小組成員選擇了角色模擬法來進行實踐。

角色設定

小明將扮演一個面臨客戶投訴銷售代表。

情景設定

情景是一個模擬的客戶服務場景，客戶向小明投訴產品質量問題，表達了不滿和要求退款的意願。

角色扮演

小明需要扮演銷售代表的角色，與模擬客戶進行對話。他需要傾聽客戶的投訴，表達理解和同情，同時使用積極的語言和解決問題的態度來應對客戶的要求。例如，小明可以表達理解客戶的不滿，並表示願意盡快解決問題，提供退款或更換產品的方案，並主動詢問客戶是否還有其他需求或疑問。

角色切換

在情景結束後，小明可以切換角色，扮演客戶角色，體驗從另一個視角看待問題。他可以嘗試表達自己的不滿和期望，觀察銷售代表的反應，並思考如何更好地溝通和解決問題。

反饋和總結

結束後進行反饋和總結，小組成員共同討論小明在角色扮演中的表現，包括溝通技巧、情緒管理、問題解決能力等方面的優點和需要改進之處，以及如何將學到的經驗應用到實際工作中。通過反饋和總結，小明可以更深入地理解和應用人際溝通技巧，提升自己的專業能力和工作效率。

通過對角色模擬的過程，小明加深了對客戶需求和情緒的理解。在與模擬客戶的交流中，他學會了如何表達理解和同情，如何提出解決問題的方案，並意識到換位思考對於改善溝通效果的重要性。

掌握學習方法的關鍵

角色選擇與背景研究

選擇一個與學習內容相關的角色，並深入研究該角色，這有助於在模擬過程中更加自然和真實地扮演。

設計逼真的模擬情景

根據角色的特點和學習目標，設計逼真的模擬情景。模擬情景應該能夠讓你在安全的環境中實踐所學知識，同時提供足夠的挑戰。

角色扮演和實踐

在模擬情景中，全身心地投入角色扮演。嘗試模仿角色的行為、語言甚至思考方式，以便更深入地理解和體驗所學內容。

溫馨提示

不要拘泥於角色的具體細節，而是要專注於通過角色扮演來增強對學習內容的理解和應用。

角色模擬法實踐指南

✓ 做好角色選擇

如果在選擇角色時感到困難，可以從自己感興趣的領域開始，選擇一個與自己背景或目標接近的角色。智思在學習歷史時，選擇了與他年齡相仿的歷史人物，這讓他更容易投入角色並理解歷史事件。

✓ 克服情景設計的挑戰

若在設計模擬情景時遇到困難，可以基於現實生活中的場景進行簡化和改編。小芳在學習英語時，設計了一系列基於她日常生活的模擬情景，如在餐廳點餐或在商店購物，這些情景既簡單又實用。

✓ 應對角色扮演的不適感

如果在角色扮演過程中感到尷尬或不自然，可以先從模擬一些簡單的日常對話開始，逐漸增加情景的複雜度。李老師在課堂上引導學生通過模擬簡單的日常對話來練習外語，幫助學生逐漸適應角色扮演。

✓ 注重反思與調整

反思過程中，如果發現學習效果不理想，可以調整角色特性或模擬情景，甚至嘗試其他學習方法以尋求更好的學習效果。例如，在扮演商業領袖的角色時，王同學發現難以理解複雜的商業策略，於是他調整了角色設定，將其簡化為一位剛起步的創業者，使模擬過程更加順暢。

〇三六

遊戲化學習

通過寓教於樂的方式，提高學習者的學習興趣。

原理 通過遊戲的互動性和趣味性，激發學習者的主動學習動力和探索精神。

應用場景 在需要激發學習興趣和動力，提高學習參與度和效果的教育、培訓場合非常有效。

實操技巧 設計和選擇與學習內容緊密相關的遊戲，確保遊戲活動既有趣又富有教育意義。

如果學習不再是枯燥的任務，而是一種有趣的遊戲，會是怎樣的情景？遊戲化學習將這種想像變為現實，它通過將學習內容融入遊戲中，使得學習過程既輕鬆又高效。

遊戲化學習的概念源於 20 世紀的教育理論，它的推廣和發展得益於多位教育家和心理學家。其中，尚・皮亞傑的認知發展理論強調了遊戲在兒童認知和社會能力發展中的重要作用，而西摩爾・派普特的「建構主義學習理論」進一步提出了通過遊戲來促進學習的觀點。

 寓教於樂

遊戲化學習有獨特的吸引力和高互動性，將學習內容融入遊戲形式中，讓學習者在玩樂的同時獲得知識和技能。這種方法依託於遊戲設計，通過設置目標、規則、互動和反饋機制，創造一個既有趣又具有教育意義的環境。應用過程中，學習者被引入一個設計精巧的遊戲世界，其中包含了待學習的知識點。**學習者通過完成遊戲中的挑戰和任務，逐步掌握所需的知識或技能。**這個過程提高了

學習者的參與度和動力，使他們在解決問題和達成遊戲目標的過程中，自然而然地學習和應用新知識。

 如何將玩樂變為高效學習？

在遊戲化學習的應用中，重點在於選擇或設計與學習內容相關的遊戲，並確保遊戲活動與教學目標緊密結合。遊戲應當既有教育意義，又能夠激發學習者的興趣。

實例

華仔是一名對歷史感興趣的中學生，他正通過一個歷史探索遊戲來豐富世界史知識。

遊戲設計細節

華仔參與的歷史探索遊戲被設計得非常細緻，每個歷史時期都有其獨特的環境、角色和任務。例如，在探索古埃及時期，遊戲者有建造金字塔的任務，其中涉及古埃及的文化、建築技術等知識。

角色扮演和故事敘述

在遊戲中，華仔扮演不同的歷史人物，包括古希臘的哲學家和中世紀的探險家。通過這些角色，他不僅了解了當時的重要事件，還體驗了當時人們的生活方式。

互動性和挑戰

遊戲中可以設置一系列任務，如解決謎題、制定戰略或進行外交談判。這些任務需要華仔運用他所學的歷史知識，同時也鍛煉了他的批判性思維和決策能力。

反饋和進步追蹤

遊戲中有即時反饋機制，讓華仔能了解自己在挑戰時的表現如何。這個機制幫助他認識到自己在哪些領域做得好，以及哪些知識點需要進一步學習強化。

教育和娛樂的結合

遊戲完美地融合了教育和娛樂元素，使學習變得生動有趣。華仔在遊戲中的每個歷史任務都像一個迷你故事，充滿趣味。

遊戲化學習可以深化學習者對知識的理解，並提高他們的應用和批判性思維能力。華仔的經歷證明了遊戲化學習不僅能夠提高學習的趣味性，還能促進深度學習，提升對知識的實際應用能力。

掌握學習方法的關鍵

選擇適合的教育遊戲

根據學習內容和目標選擇合適的教育遊戲。確保所選遊戲既能夠引起興趣，又能有效地訓練到所需的學習內容。

設定具體的學習目標

在開始遊戲前，設定明確的學習目標。

參與和交流

在遊戲過程中積極參與，同時與他人交流你的發現和體會。

反思和應用

遊戲結束後，思考如何將這些知識應用到現實生活或其他學習領域中。

溫馨提示

在使用遊戲化學習時，保持積極的探索精神非常重要。你可以在輕鬆愉快的氛圍中掌握複雜的概念，並培養解決實際問題的能力。

遊戲化學習實踐指南

✓ 多樣化的遊戲選擇

探索各種各樣的遊戲，找到那些既能激發你興趣，又能幫助你學習新技能的遊戲。不論是策略遊戲、解謎遊戲還是模擬類遊戲，重要的是它們能夠帶給你新的知識和技能。例如，如果你對歷史感興趣，試着玩一些歷史主題模擬遊戲，這樣你可以在享受遊戲樂趣的同時學習歷史。

✓ 結合遊戲與生活實踐

想辦法將遊戲化學習應用到你的日常生活和職業技能提升中去。如果你的工作需要團隊合作和溝通技能，可以選擇那些注重團隊協作的遊戲，這不僅能讓你在玩樂中學習，還能幫助你在現實中更好地與他人合作。

✓ 自我驅動的學習和目標設定

為自己設定具體的學習目標，並在遊戲中主動尋找達成這些目標的方法。例如，如果你想提高財務管理能力，可以嘗試玩一些經營模擬遊戲，這樣你在娛樂的同時也能鍛煉到有關預算管理和資源分配的技能。

✓ 遊戲學習與個人發展相結合

將遊戲學習與個人發展相結合。如果你對某個領域感興趣，可以找到相關的遊戲來提升你在這一領域的知識和技能。例如，如果你對編程感興趣，可以嘗試編程相關的遊戲，這樣不僅能提高你的編程技能，還能增加你解決實際問題的能力。

〇三七

模擬教學法

通過創建逼真的學習情景，在實踐中掌握知識和技能。

原理 基於實踐學習理論，通過模擬真實世界的情景，讓學習者在安全的環境中練習和應用技能。

應用場景 特別適用於醫學、飛行、商業管理等需要高度實踐操作的領域。

實操技巧 設計和實施模擬情景時，重點放在真實性和相關性上，確保情景與學習者未來的實際應用場景密切相關。

如果你可以在一個完全安全的環境中練習飛行操作，或者在不會對病人造成任何風險的情況下學習手術技巧，會是多麼難得的實踐體驗！模擬教學法正是提供了這樣的學習平台，讓學習者能夠在模擬的環境中安全地練習和掌握複雜的技能。

通過使用模擬教學法，學習者可以深入掌握專業知識和技能，同時提高應對複雜、壓力情景的能力。

 在實踐中成長

模擬教學法通過模擬真實情景或問題解決過程，讓學習者實踐和體驗，以此來掌握知識和技能。這種方法**通過創造一個接近現實的環境，讓學習者能夠在其中嘗試、犯錯、調整，並從中學習。**在使用過程中，首先要確定學習目標和模擬的情景，然後準備相關的材料和工具，確保模擬環境盡可能地貼近實際情況。接着，學習者在這個環境中扮演特定角色，執行任務或解決問題，可以通過角色扮演、團隊合作等方式進行。

通過這樣的過程，學習者不僅可以深入理解理論知識，還能在實踐如何應用這

些知識，從而提高解決問題的能力和適應真實情景的能力。

如何在模擬世界中掌握真實技能？

模擬教學法的應用關鍵在於創建一個真實、詳細且具挑戰性的模擬環境。在這個環境中，學習者可以通過執行特定任務來練習和應用所學知識。重要的是，這些任務應該能夠模擬真實世界中的情景，帶領學習者為處理真實問題打好基礎。

實例

李雷是一名正在接受緊急醫療響應訓練的學員。他參與模擬教學法培訓來提高他的應急處理能力。

詳細的情景設定

李雷參加的模擬訓練包括各種複雜的緊急醫療情況，如車禍現場的多重傷害處理，突發的自然災害中的醫療救援等。這些情景被設計得非常真實，包括模擬的環境音效、患者模型、實時的壓力情景等。

專業技能的應用

在每個模擬情景中，李雷不僅要進行醫療處理，還要實時做出關鍵決策，如優先處理哪些傷員、如何分配資源等。他還需要與其他醫療團隊成員協作，共同解決複雜的醫療挑戰。

溝通與協調能力的提升

緊急情況下的有效溝通同樣是李雷的訓練重點。他學習如何在壓力大的情景中與隊友保持清晰的溝通，並確保所有團隊成員都能高效協作。

從錯誤中學習

模擬訓練中，李雷也遇到了失敗的情況，如處理不當導致「患者」狀況惡化。這些「沉痛」經歷讓他的成長更加快速、深刻。

技術和理論知識的整合

李雷在模擬訓練中不僅應用了他的醫療技能，還需要運用理論知識來指導實踐操作，這進一步加深了他對緊急醫療知識的理解和掌握。

通過這樣全面且深入的模擬教學法訓練，李雷不僅在技術層面上得到了顯著提升，還在心理素質、決策能力和團隊協作方面獲得了重大進步。

掌握學習方法的關鍵

理解模擬目的和結構

在開始模擬訓練前，深入理解每個模擬情景的目的。明白你將面臨的挑戰和學習目標，有助於更好地準備和參與。

積極參與並實踐

在模擬過程中積極參與，不要害怕犯錯。模擬的核心是讓你在安全環境中練習技能，因此，勇敢地嘗試、實踐，並從每次嘗試中學習。

進行自我反思和評估

每次模擬後，花時間進行自我反思。評估自己的表現，思考哪些地方做得好，哪些需要改進，並制定具體的提升計劃。

應用學習到的知識和技能

嘗試將模擬中實踐的知識和技能應用到其他學習或工作情景中。跨情景應用有助於鞏固和加強你的學習成果。

溫馨提示

不要害怕犯錯，每次模擬都是一個學習和成長的機會，為實際應用做好準備。

模擬教學法實踐指南

✓ 克服模擬環境的不適感

初次參與模擬訓練時，可能會感到不自在或不真實。克服這種感覺，我們關注點應放在模擬的學習目標上。例如，一位醫學生在進行模擬手術時，最初感到緊張和不自然，但當集中注意力於手術技巧的練習後，不適感就逐漸消失了。

✓ 提高模擬情景的參與度

在模擬訓練中，積極參與和投入是關鍵。如果發現自己對模擬訓練缺乏參與感，可以設定具體的個人目標，如在飛行模擬器中嘗試不同的飛行技巧，以提高參與度和學習效果。

✓ 從失敗中學習

在模擬訓練中遇到失敗是正常且有價值的。重要的是從失敗中學習並改進。例如，一位緊急響應訓練的學員在處理模擬火災情景時犯了錯誤，導致「救援失敗」，但通過這次經歷，他學會了更有效的危機管理和決策。

✓ 應用模擬經驗於現實

將模擬訓練中的經驗應用到實際工作或學習中。例如，一名商學院學生通過參與商業模擬遊戲，實踐了市場分析和商業策略制定，並於之後的實習中成功應用這些技能，取得了較好的實習成績。

結語

隨着這本書的最後一頁緩緩翻過，讓我們以一種更加理性的方式，反思與前瞻。蘇格拉底曾經説過：「未經審視的生活不值得過。」這句話如同低語，溫柔而堅定地提醒我們，生活中的每一刻，無論是充滿挑戰，還是看似平淡無奇，都值得我們用心體驗。正是在這樣的思考中，我們萌生了編寫本書的初衷，希望在向年輕人介紹學習方法的同時，更深層次地觸及如何在日常生活中尋找並創造成就感和價值感這一主題。

在快節奏的現代生活中，我們每個人都不可避免地面臨各種壓力和挑戰，從個人成長到職業發展，從時間管理到應對複雜的社會關係。這些挑戰，雖看似與學習無關，實則緊密相連。學習，不只是知識的積累，更是一種提升解決問題能力、增強自我意識、促進個人成長的方式。它使我們能夠更好地認識自己，發現並利用自己的優勢，以更加積極的態度面對生活。

我們借此書鼓勵每一位讀者，不僅要在學習上勇於探索新知，更要在生活中勇於將學到的知識轉化為實踐行動。無論是學習一項新技能，還是解決生活中的一項難題，都需要我們不斷地嘗試、探索。

每個人的內心深處都藏着期待被發現的願望。學習是開啟可能性的鑰匙，它幫助我們在看似平凡的日常中發現生命的不平凡，讓每個人的生活故事都閃耀着獨特的光芒。學習不僅是知識的獲取，更是一場精神的旅行，讓我們在探索的過程中不斷成長和超越自我。

在這本書的編寫過程中，我們也一次次地學習、思考和實踐。我們希望這本書能夠成為你的靈感之源，引領你在知識的海洋中自由航行，在人生的旅程中找到自己的方向和目標。讓學習成為一種生活方式，以好奇心帶領我們探索未知，以知識為翼翱翔於無際的天空。

在這本書的結尾，讓我們一起期待，通過學習和實踐，每個人都能在自己的生活中找到真正的成就感和價值感，無論是在浩瀚的學問中還是在點滴的生活實踐裏，都能找到屬自己的那份成就。不只是對知識的追求，更是對生活的熱愛和對自我的肯定。

讓我們帶着這份理解和感悟，開啟新的旅程，迎接每一個充滿可能的明天。

頂尖學習

—37 種高效自學方法—

編著
朴學萬卷
責任編輯
蘇慧怡
裝幀設計
MC
排版
陳章力
出版者
萬里機構出版有限公司
香港北角英皇道 499 號北角工業大廈 20 樓
電話：2564 7511　　傳真：2565 5539
電郵：info@wanlibk.com
網址：http://www.wanlibk.com
http://www.facebook.com/wanlibk
發行者
香港聯合書刊物流有限公司
香港荃灣德士古道 220-248 號荃灣工業中心 16 樓
電話：2150 2100　　傳真：2407 3062
電郵：info@suplogistics.com.hk
網址：http://www.suplogistics.com.hk
承印者
美雅印刷製本有限公司
九龍觀塘榮業街 6 號海濱工業大廈 4 字樓 A 室
出版日期
二〇二五年一月第一次印刷
規格
特 16 開（213mm × 150mm）

ISBN 978-962-14-7599-2